AF452331

...T et la PRATIQUE DU BASKET-BALL

ILLUSTRÉ PAR LA PHOTOGRAPHIE

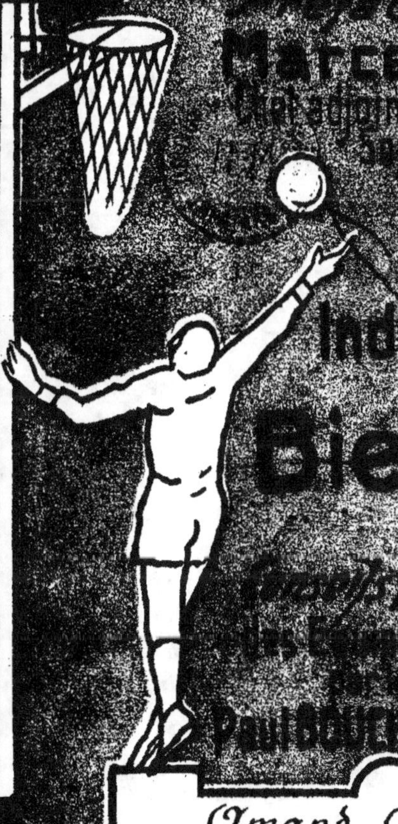

Préface de
Marcel DELARBRE

Indispensable pour BIEN JOUER

Amand Girard
Rue de Chateaudun N° 17
Paris — 9ième

Collection " OLYMPIC "

Paul BOUCHER et Émile CAGNON

LE

BASKET-BALL

L'Art et la Pratique

PRÉFACE

de

Marcel DELARBRE

Conseiller technique

au Sous-Secrétariat de l'Éducation Physique

DEUXIÈME ÉDITION

PUBLICATIONS AMAND GIRARD
17, Rue de Chateaudun, PARIS (9e)

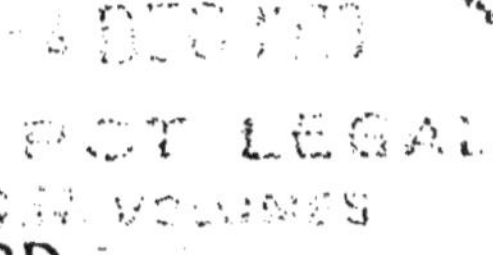

Copyright by Amand Girard
1930

PRÉFACE

*Il appartenait à un éducateur physique de la qualité
de M. Paul Boucher d'écrire un « précis » de basket-
ball. Ce petit livre arrive à son heure, en un moment
où les « basketteurs » se multiplient à l'envi. Il vise,
d'ailleurs, au delà, et le zèle des propagandistes trouvera
dans cet ouvrage un précieux appui.*

*Le jeu de basket-ball est en effet de ceux que l'on
peut recommander sans hésitation, aux directions d'éta-
blissements scolaires, aux familles, aux œuvres de jeu-
nesse qui ont le souci de leurs responsabilités. Il n'est
ni dangereux, ni brutal, ni excessif dans son dosage
athlétique. Il convient aux enfants comme aux adoles-
cents, et je ne crois pas que le sport féminin, en parti-
culier, puisse trouver mieux que cette gymnastique
animée pour entraîner sagement la jeune fille et la
femme.*

*La croissance rapide de ce sport tient à sa valeur
éducative et aussi à ses facilités. Alors que le foot-ball
exige de grands emplacements, des équipements relati-
vement onéreux, des aptitudes physiques développées,
le basket-ball, lui, est beaucoup plus accessible, dans son
organisation et dans sa technique. Une superficie réduite, un matériel simple, que l'on peut construire soi-*

même, un ballon et un peu de courage, voilà le cadre de l'action et les acteurs.

On n'a pas encore « bourré les crânes » des basketteurs, et leur mentalité sportive est saine. Le public ne les gâte pas trop, et la « galerie » n'excite pas abusivement les ambitions des clubs et des joueurs.

Il semble que la vieille formule « du sport pour le sport », qui inspirait la vie sportive d'antan, se retrouve dans le milieu du basket, ce n'est pas le moindre titre à la considération que nous attachons à ce jeu.

On a quelque raison, en effet, à rechercher et à soutenir les formes de sports qui puissent intéresser les pratiquants plutôt que les spectateurs. Le vice du sport spectaculaire est flagrant. Il aboutit à détourner tout simplement la foule des jeunes du goût de l'action propre et profitable. Encore quelques années et, si on ne réagit pas, le sport supérieur, enrichi de fortes recettes, ouvert au professionnalisme avoué ou déguisé, aura fait disparaître tout le reste, c'est-à-dire toute la vie sportive nationale. Raison suffisante pour se prémunir contre un pareil danger.

M. Paul Boucher montre clairement l'avenir du basket-ball. Il écrit en confiance. Il exprime sa foi dans un sport utile, et sa forte confiance lui a permis d'ouvrir un certain nombre de chapitres où abondent des conseils, des avis, des notes avisées.

La technique du jeu est ici traitée avec habileté, en ce sens qu'on cherche surtout à la vulgariser et à la faire comprendre.

La bibliographie sportive s'honorera de cet ouvrage, qui servira la cause sportive et diffusera l'excellent, honnête et complet jeu du basket-ball.

Marcel DELARBRE.

L'engagement au centre. — L'arbitre a lancé le ballon et les deux joueurs (centres) sautent pour le saisir ou le frapper.

Un match franco-américain. Un des joueur tente le panier.

CONSIDÉRATIONS GÉNÉRALES

Le basket-ball, par traduction « ballon au panier »,
se joue par deux équipes de cinq joueurs, qui doivent,
d'après des règles définies, lancer le ballon dans le
panier de l'équipe adverse. Tout panier réussi sur
une phase de jeu compte deux points et tout panier
réussi sur « lancer franc » compte un point.

Le basket-ball est d'invention américaine. Créé en
1891 au collège de Springfield, par le docteur James
Naisnuth, qui voulait créer un jeu nouveau, athlétique,
mais moins brutal que le rugby américain, et exigeant
des terrains réduits, il se développa rapidement chez
les sportifs américains et on peut affirmer qu'on le joue
aujourd'hui dans toutes les écoles, les collèges, les clubs
d'outre-Atlantique.

Le basket-ball fut seulement connu en France pendant la guerre, importé par les soldats du corps expé-
ditionnaire américain, qui le pratiquaient pendant leurs
moments de repos et de loisirs. Les soldats français,
voisins des Américains, commencèrent à le pratiquer
bien timidement. Après la guerre, les foyers américains
restés en France (Y. M. C. A.) continuèrent à pratiquer
le basket-ball, apprirent les règles et la technique du
jeu aux sportifs français. La Fédération des Patronages
l'adopta pour ses sociétés. Lancé par l'école de Join-

ville (1) et les centres régionaux d'instruction physique,
il connut vite en France une grande popularité de jeu,
et, d'année en année, sa pratique ne fait que s'accroître
dans des proportions considérables. Il n'a pas encore
au point de vue spectaculaire, conquis la grande foule,
ni atteint la popularité du football ni du rugby, mais
cela viendra, nous en sommes persuadés, parce que,
chaque jour, ceux qui le jouent sont de plus en plus
nombreux.

POURQUOI LE BASKET-BALL EST UN SPORT D'A-VENIR.

Pourquoi une telle perspective d'avenir au basket ?
Parce que, en y réfléchissant bien, ses avantages sont .
multiples ! Si nous examinons le côté pratique, nous
voyons de suite qu'il n'exige pas, comme le rugby ou
le football, de grands terrains, difficiles à trouver, très
onéreux, éloignés du centre des agglomérations, mais
au contraire des terrains réduits, faciles à trouver partout, et que de ce fait il peut s'installer facilement dans
les cours de récréations des écoles, lycées, collèges, dans
les terrains à proximité des usines, etc..., de sorte qu'on
peut le pratiquer sans dérangement et sans perte de
temps, ce qui est, de nos jours, d'une importance capi-
tale. Le matériel est des plus simples aussi : deux poteaux panneaux avec paniers et un ballon. On voit de
suite qu'un terrain de basket s'installe à peu de frais.
Les frais d'équipement sont également moindres qu'au
football et au rugby, surtout en ce qui concerne les
chaussures. De plus, par mauvais temps ou par les
soirées d'hiver, le basket peut se jouer dans un local
fermé. La durée des parties est beaucoup plus courte
qu'au football ou qu'au rugby, ce qui permet, dans une
matinée ou une après-midi, sur deux terrains par
exemple, ce qui ne fait pas la superficie (loin de là)

___

(1) Le capitaine Beaupu's, de l'École de Joinville, aujourd'hui promu
commandant, fut le grand vulgarisateur français du basket-ball en France.
Il en étudia la technique scientifique, adapta des procédés spéciaux d'entraînement et collabora au petit manuel de sports collectifs de l'école supérieure
d'éducation physique (basket-ball) manuel que nous avons consulté avec
grand intérêt.

d'un champ de football, d'y exercer un nombre plus grand de joueurs.

Si nous examinons le côté sportif, nous voyons que, malgré les dimensions restreintes du terrain, le jeu de basket-ball reste néanmoins un jeu de grande valeur athlétique ; moins violent, moins dur, moins fatigant que le football ou que le rugby, il reste néanmoins un jeu dont les qualités sportives et hygiéniques sont indiscutables.

Hygiénique en ce sens qu'il influence favorablement toutes les grandes fonctions organiques : respiration, circulation, nutrition, système nerveux, etc..., fait travailler toutes les articulations, ainsi qu'un très grand nombre de muscles du corps humain. Sportif, en ce sens qu'il exige tout d'abord une préparation individuelle technique assez poussée, et que, par ses combinaisons tactiques et l'obligation du jeu d'équipe, il développe les qualités de jugement, de sang-froid, d'esprit de club, de solidarité, etc... De plus, il est excessivement amusant.

Le basket est un sport athlétique quand il est pratiqué par des hommes jeunes et bien entraînés, qui le jouent avec rapidité. Mais c'est aussi un jeu qui, par ses règles assez simples et les dimensions du terrain, s'applique tout spécialement aux jeunes gens, aux jeunes filles et aux personnes d'un certain âge, qui pourront le pratiquer raisonnablement, sans craindre la fatigue ni le surmenage des grands sports. Pour les mêmes raisons, il sera un entraînement préalable et un acheminement vers le jeu de football et principalement vers le jeu de rugby. Il sera aussi le jeu complémentaire de ces mêmes joueurs de football et de rugby, et déjà actuellement, beaucoup d'athlètes l'utilisent comme sport d'été pour le maintien de leur forme.

Enfin, le basket-ball présente, de plus, l'énorme avantage de pouvoir se jouer hiver comme été, et aussi par tous temps, car beaucoup de gymnases et de salles sportives sont assez grands pour pouvoir inscrire les dimensions d'un emplacement de jeu de basket.

CHAPITRE I

TERRAIN — COSTUME — MATERIEL

Le terrain sera aux dimensions réglementaires et parfaitement plat, et bien entretenu. Il sera marqué, soit à la sciure de bois, soit à la chaux, et les lignes seront bien apparentes. Il est très agréable de jouer sur un terrain bien marqué. Une barrière avec main courante entourera le terrain, de façon à ce que les spectateurs ne gênent en rien les joueurs. Une distance d'au moins 3 mètres sera laissée entre les lignes extérieures du terrain et la barrière. Le sol pourra être de terre battue, mais bien plat et bien uni, mais nous le préférerons recouvert de cendrée bien fine, bien tamisée et parfaitement étendue. Outre qu'elle constitue un sol plus doux, plus élastique, la cendrée, très perméable à l'eau, permet de jouer par des temps même très humides. Le terrain sera autant que possible drainé, pour permettre l'écoulement des eaux. Le sol gazonné est de moins en moins employé, parce que glissant et peu pratique pour la régularité du jeu.

Pour les hommes, le costume sera le même que celui utilisé par les joueurs de football : culotte de sport, chemise ou maillot, bas. Les chaussures de football seront remplacées par des sandales ou des chaussures montantes, à semelles souples de corde ou de caoutchouc. Pour les femmes et jeunes filles, la jupe courte, élégante, de préférence à la culotte de sport, et le maillot ou la chemisette.

Le matériel se compose de deux panneaux surélevés, fixés à deux poteaux fixes ou mobiles. A ces panneaux, sont attachés deux paniers avec filets.

Le ballon sera réglementaire, toujours bien gonflé, nettoyé et légèrement graissé après chaque partie. Il pèsera environ 600 grammes et aura une circonférence de 75 à 80 centimètres.

Vue d'ensemble du terrain de jeu pendant une partie.

Un des joueurs va s'emparer de la balle, mais son adversaire direct lui saisit le bras pour l'empêcher de contrôler le ballon et commet ainsi une faute qui sera sanctionnée par un lancer franc. On voit l'arbitre au fond prêt à siffler la faute.

Un joueur vient de s'emparer du ballon, un de ses adversaires intervient mais commet une faute en lui accrochant le bras. — Un coup franc sera accordé au joueur qui a la balle en mains.

CHAPITRE II

BUT DU JEU. — LES QUALITES QU'IL DEMANDE

La durée de la partie est de 40 minutes, en deux mi-temps de 20 minutes. Un repos de 10 minutes sépaie les deux mi-temps.

Le ballon se joue uniquement avec les mains ouvertes.

L'équipe gagnante est celle qui a totalisé le plus de points à la fin de la partie.

L'équipe visiteuse choisit son côté pour la première partie du jeu. Les équipes changent de côté à la mi-temps.

L'engagement se fait dans le cercle, au milieu, entre les deux demis. Le ballon est mis en jeu par l'arbitre, qui le lance verticalement entre les 2 joueurs. Ensuite, les joueurs, par des dribblings, des roulers, des passes, des tentatives au panier, essaient de marquer des points.

Quand le ballon franchit la ligne de touche ou celle de but, un joueur appartenant au camp opposé à celui qui l'a fait sortir des lignes le remet en jeu. Il se tient dans le terrain mort, en face du point où le ballon a franchi la ligne et renvoie le ballon en jeu.

Chaque fois que des points sont marqués, le jeu est repris par un engagement au milieu. Toutes les fautes sont pénalisées par le code ; soit par la perte du ballon, soit par un ou deux lancers francs.

Ces fautes sont réprimées par l'arbitre qui dirige la partie et fait respecter les règles officielles. Des juges de touche lui sont adjoints pour les sorties de jeu et les remises en jeu.

Le basket-ball est joué par dix joueurs, divisés en deux équipes de cinq joueurs de chaque côté. Les joueurs sont ainsi répartis : deux avants, placés à quelques mètres du panier adverse (un de chaque côté du terrain de jeu) ; un centre (ou demi) placé au milieu du terrain, et deux arrières marquant les avants de l'équipe adverse (voir plan, page 41).

Comme dans tous les sports d'équipe, les qualités physiques indispensables au joueur sont : *la vitesse*, qui permet de réaliser avec succès une conception tactique, vouée à l'insuccès si elle est exécutée avec lenteur et de faire les passes avec toute la rapidité voulue ; la *souplesse*, qui permet de feinter dans toutes positions, pour tromper facilement l'adversaire, de saisir le ballon, de se dégager rapidement, de sauter haut, enfin dans toutes les attitudes, assurer à son corps tout entier une grande mobilité pour s'emparer du ballon ou pour le passer ; l'*adresse*, qui ne s'acquiert qu'avec une assez longue pratique, permet au joueur de s'emparer du ballon avec sûreté, de s'en assurer le contrôle, de le manier habilement, de le passer rapidement et avec précision, de juger où la balle va tomber, s'y placer ou s'y porter rapidement pour s'en emparer ; le *sang-froid*, qui permet au joueur de conserver la maîtrise de lui-même, de ne pas s'affoler, de jouer avec calme et intelligence, de juger sainement, mais vite, ce qu'il y a de mieux à faire au moment opportun ; enfin, la *résistance*, qui permet au joueur de durer toute la partie sans perdre à aucun moment aucune de ses qualités physiques et d'avoir à la fin de la partie la même valeur intrinsèque qu'au début.

CHAPITRE III

TECHNIQUE DU JEU

Avant d'être incorporé dans l'équipe, tout joueur de basket doit être familiarisé avec la technique des principaux procédés qui caractérisent le jeu, et qui sont : le contrôle du ballon, le dribbling, la passe, l'interception, l'essai au panier, le frappé, le lancer franc, les feintes. Examinons-les maintenant successivement.

Contrôle du ballon. — Contrôler le ballon, c'est s'en saisir habilement, d'une façon sûre et certaine, pour pouvoir le manier ensuite avec adresse. On contrôle le ballon avec les deux mains bien ouvertes et les doigts écartés, les bras souples et légèrement fléchis pour éviter les bloquages au corps et amortir le choc. Le ballon

doit être bien tenu des deux mains, jusqu'au moment
où on aura décidé de passer, de lancer au panier ou de
dribbler. En principe, le vrai contrôle du ballon doit
se faire des deux mains. On peut, dans certains cas et
lorsqu'on est arrivé à une grande adresse, contrôler le
ballon à une main. Ceci est très difficile et ne doit être
fait que lorsqu'on ne peut réellement contrôler des
deux mains. Le contrôle se fera en recevant le ballon,
la main grande ouverte, les doigts écartés pour présenter la plus grande surface, le poignet fléchi, le bras
légèrement replié. L'arrêt dans la main, on s'en rend
compte, ne peut être que momentané et il faudra jouer
le ballon immédiatement. Les joueurs exercés doivent
pouvoir contrôler à une main, aussi bien de la gauche
que de la droite.

Quand on a contrôlé le ballon, il faut ensuite continuer à le jouer utilement, soit en dribblant, en passant,
en frappant, en mettant au panier, etc... Tous ces procédés de jeu sont faits avec la main ouverte, soit à une
main, mais le plus souvent des deux mains s'ils doivent
être faits avec adresse ; c'est pour cette raison que le
joueur doit être bien exercé à manier son ballon avec
maîtrise, pour acquérir toute l'adresse nécessaire.

Le dribbling. — Dribbler consiste à faire progresser
le ballon devant soi. On dribble de différentes façons :
1° En le faisant rouler sur le sol, soit d'une main, soit
de l'autre, en évitant les arrêts sur place. Ce « rouler
au sol » demande beaucoup de souplesse, en raison de
la position spéciale du corps. — 2° En le faisant rebondir sur le sol avec la main ouverte, soit successivement de la même main, droite ou gauche, soit alternativement avec les mains, qui repoussent le ballon par
sa partie supérieure, vers le sol, la main ouverte, mais
sans le frapper avec force. Ce dribbling par rebonds
demande beaucoup d'adresse et d'habileté pour être
bien exécuté et pouvoir conduire le ballon comme on
le désire. Au cours du dribbling par rebonds, il faudra
diriger son ballon en évitant les joueurs adverses qui
essaient de s'interposer, c'est ce qu'on appelle « dribbler
l'adversaire ».

«Dribbler l'adversaire» consiste, par conséquent, à

le déborder d'un côté ou de l'autre, pour le passer, et reprendre le ballon derrière lui. On le fait de différentes façons :

1° En renvoyant le ballon obliquement après un rebond ;

2° En coupant le dribbling au sol, d'un coup frappé sous le ballon, qui s'élève alors au-dessus de l'adversaire et le passe, le dribble est repris ensuite ;

3° En trompant l'adversaire par un mouvement du corps (feinte), qui l'attire du côté opposé à celui vers lequel on continue le dribbling ;

4° En frappant très fort le ballon à sa partie supérieure pour le faire rebondir très haut par-dessus l'adversaire, le passer soi-même habilement, reprendre le ballon et continuer le dribbling. Le ballon doit être frappé pour rebondir obliquement.

La passe. — Dribbler, c'est travailler seul pour gagner du terrain. La passe est la véritable règle pour gagner du terrain, le dribbling n'étant que l'exception. La passe est la base du jeu d'équipe, puisqu'il faut être deux au moins pour l'exécuter. Elle permet à l'équipe de progresser. Elle permet aussi à un joueur marqué, gêné ou dans l'impossibilité de jouer, de passer le ballon à un partenaire mieux placé. Les arrières s'en serviront pour dégager leur but et passer aux avants. Elle peut être courte ou longue, suivant le cas, se faire soit d'une main, soit avec les deux mains. Il faut travailler sérieusement la passe, qui doit pouvoir être faite dans toutes les positions et dans toutes les directions, aussi bien à droite qu'à gauche et sans perte de temps. La passe se fait après n'importe quelle phase de jeu, rouler au sol, dribbling, réception de balle, etc... Elle doit être faite avec une grande précision, car c'est de cette précision que dépend le bon contrôle de la balle.

1° *Passes courtes.* — La passe courte est utilisée pour progresser par petites avancées jusqu'au panier adverse.

Elle se fait généralement à deux mains, rarement à une main. Le ballon doit être projeté horizontalement en avant ou de côté dans la direction du partenaire, d'une vive détente des deux mains placées bas, et doit arriver vers la ceinture de celui qui la reçoit. La passe courte doit être faite sans trop de force, le partenaire ne pourrait avoir le contrôle du ballon, qui rebondirait sur ses mains. Pour augmenter la précision et la détente, ne pas contrôler le ballon à pleines mains, mais ne le maintenir qu'avec le bout des doigts écartés et la base du pouce.

La passe courte à une seule main peut être faite dans les cas suivants :

1° Quand un adversaire vous marque de très près et vous empêche de passer à deux mains.

2° Quand on veut faire une passe derrière soi sans se retourner.

3° Quand on est obligé de sauter en l'air pour s'emparer du ballon avant un adversaire ; on prend alors le ballon dans sa course et on prolonge la passe.

2° *Passes demi-longues.* — Elles sont utilisées pour passer à un partenaire placé à 8 ou 10 mètres environ. Elle est faite assez haute, au-dessus des adversaires. Elle est faite en lançant le ballon, de l'épaule droite avec la main droite, de l'épaule gauche avec la main gauche.

Exceptionnellement on peut la faire à deux mains.

3° *Passes longues.* — La passe longue se fait généralement à une main, plus rarement à deux mains. Elle est principalement utilisée pour dégager son panier lorsqu'il est menacé et reprendre l'attaque en passant à un partenaire démarqué.

La passe longue se fait donc d'une seule main, le ballon tenu avec les doigts écartés, le ballon dans la paume et appuyé sur l'avant-bras. Pour passer le ballon, le bras et le corps se portent d'abord légèrement en arrière, en retrait, puis le ballon est projeté en avant dans la direction du partenaire, suivant une trajectoire oblique, le corps se portant en avant par un balancement, comme dans le lancer athlétique. Le bras s'allonge complètement et le ballon doit passer au-dessus des joueurs.

Quand le joueur est trop marqué et qu'un adversaire

l'empêche de passer d'une seule main, parce qu'il n'a pas le champ nécessaire, la passe longue se fait à deux mains. Pour cela, on porte le ballon derrière la tête, en fléchissant les bras, les coudes levés, et on projette le ballon en avant, suivant une trajectoire oblique et assez élevée.

Il faut envoyer le ballon au-dessus de la tête des joueurs, mais pas trop haut. Dans ce cas, on l'exposerait trop longuement à l'action du vent, qui pourrait nuire à la précision de la passe, ou on permettrait aux adversaires d'avoir plus de temps pour organiser leur défense.

La passe peut être reçue après une marche ou une course. La règle veut que pour passer dès qu'on contrôle la balle, on ne doit pas faire plus d'un pas. En conséquence, le joueur qui reçoit la balle doit s'arrêter immédiatement après le premier pas qui suit la réception, en contractant les muscles de la jambe avant et en se bloquant sur celle-ci, il fait ensuite sa passe. Il peut aussi passer sans s'arrêter. Pour cela, dès qu'il est en possession de la balle, il ne la garde pas, il la passe immédiatement avant d'avoir accompli un second pas, tout en continuant soit sa marche soit sa course.

Le joueur qui passe à un partenaire en action doit envoyer la balle légèrement en avant de celui à qui il la destine, pour tenir compte de la vitesse acquise par le déplacement.

Par ce qui précède, on voit que la passe est à la base du jeu de basket, et demande d'être exécutée à la perfection.

L'interception de passe. — L'interception de passe consiste pour un joueur à « marquer » son adversaire pour l'empêcher de passer, ou à se saisir du ballon pendant la passe (arrêt de passe).

« Marquer » l'adversaire c'est se placer très près de lui, soit quand il possède le ballon, soit lorsqu'il va le recevoir d'un co-équipier. On le marque en le suivant partout dans ses évolutions, et le moment voulu on l'empêche de saisir le ballon s'il est prêt à le recevoir, ou de s'en débarrasser s'il est prêt à le passer. Il faut alors être prudent et éviter les fautes défendues par le règlement et suivies de pénalisations. On gêne l'adversaire en le marquant.

Soit par oppositions des bras et du corps dans **tous** les sens — soit par des sauts successifs devant l'adversaire en étendant les bras, soit de côté, soit verticalement — soit en frappant le ballon avec la main ouverte, pour obliger l'adversaire à le lâcher — soit aussi en saisissant à deux mains le ballon déjà tenu par l'adversaire (ballon tenu — pénalisation si on tient la balle plus de cinq secondes).

Arrêter la passe, c'est annihiler cette dernière, soit en se saisissant du ballon, soit en faisant dévier la passe de sa direction, soit en l'arrêtant complètement pendant sa trajectoire. On peut arrêter suivant les procédés suivants :

Soit en étendant latéralement un bras au moment où le ballon quitte les mains de l'adversaire, soit en saisissant la balle pendant son trajet dans l'air, soit en passant très près d'un adversaire qui va saisir la balle, frapper celle-ci de volée et s'en emparer un peu plus loin.

La réception de passe. — Consiste à recevoir le ballon lancé par un équipier, comme nous l'avons indiqué au contrôle de la balle. Cette réception demande de l'adresse et du coup d'œil, pour juger comment arrive le ballon, pour se démarquer et pour placer son corps en attitude favorable non seulement pour la réception, mais pour l'exécution de la conception tactique qui doit suivre : dribbling, passe immédiate, frappé, mise au panier.

Se démarquer est la chose essentielle pour la reprise d'une passe. Sans cela toute réception est impossible. Pour se démarquer, il faut, au moment où on a l'impression qu'une passe va vous être faite, se porter rapidement par une détente brusque et par surprise à quelques pas de son adversaire et dans une bonne direction. Si l'adversaire vous marque à nouveau en vous suivant recommencer la manœuvre dans une autre direction où il n'y a pas de joueurs. Il faudra quelquefois se démarquer 3 ou 4 fois avant de tromper l'adversaire. En principe, il ne faut pas faire de passe au co-équipier qui n'a pas pu se démarquer.

Les feintes. — Consistent dès que l'on est en possession du ballon et marqué par un équipier adverse, à faire un simulacre de passe, ou de déplacement du corps d'un côté, pour obliger l'adversaire à bouger en le trompant, et exécuter aussitôt avec rapidité et dans une autre direction une autre conception tactique. Doit se faire avec à-propos et demande beaucoup d'agilité et d'adresse.

Les esquives consistent à éviter par un mouvement de côté un adversaire qui vous marque de trop près ou veut s'emparer du ballon que vous détenez.

Frappé du ballon. — Consiste après une interception de passe ou une réception à ne pas bloquer le ballon, ni même s'en saisir, mais à le frapper pendant son vol pour le passer à un équipier mieux placé. Le frappé demande une grande adresse, pour que cette prolongation de passe (si on peut dire) soit faite utilement dans une bonne direction. Ne pas frapper le ballon du poing.

Le dégagement. — S'applique principalement aux arrières, et consiste à dégager le panier et déplacer le jeu. Le dégagement se fait en lançant le ballon soit d'une main, soit des deux mains ou en le frappant fortement.

Le lancer franc. — Le règlement actuel du basket exige que tout joueur contre qui a été commis une faute soit avantagé d'un ou deux lancers francs suivant le cas. En conséquence tous les joueurs doivent être exercés à bien faire les lancers francs, comme nous l'indiquerons plus tard lorsque nous parlerons de la mise au panier. Le lancer franc comptant un point et se renouvelant assez fréquemment au cours de la partie, on voit de suite l'intérêt pour tous les joueurs de savoir les réussir.

L'essai au panier. — Consiste dès que l'on se sent en bonne position et bien placé, à lancer la balle dans le panier pour marquer les points, but de la partie. L'on s'exercera à faire des essais au panier, de toutes les positions possibles, aussi bien de face, qu'obliquement, de la main droite, de la main gauche, des deux mains, sur place, en vitesse, etc..., de façon à ne jamais être pris à l'improviste. Le travail d'essai au panier est de toute première nécessité. On s'exercera à travailler les mises au panier les plus usitées et que nous décrivons ci-après :

Préalablement, voici quelques principes généraux utiles à connaître.

Lancer en chandelle. — Pour donner au ballon une ouverture d'entrée plus grande dans le panier, il faut dès qu'on tente un panier directement, lancer le ballon assez haut pour qu'il retombe presque verticalement dans le panier et non obliquement.

Effet au ballon. — L'effet n'est donné que lorsqu'on tente le panier avec la balle prise à deux mains et en frappant d'abord le panneau. Dans ce cas, pour que le ballon ne revienne pas en arrière suivant une trajectoire trop élevée et ne passe pas au-dessus du panier, il faut le faire « mourir » pour que dans un mouvement rétrograde il retombe dans le panier. L'effet est obtenu de la façon suivante : au moment où l'on va lancer la balle pour tenter le panier, il faut par un mouvement des poignets vers son propre corps, faire tourner le ballon sur lui-même pour lui imprimer un mouvement de rotation vers soi-même. L'effet est plus ou moins grand suivant le mouvement de rotation plus ou moins grand donné au ballon. Le dosage de l'effet sera obtenu par l'entraînement. L'effet se fait dans toutes positions, le ballon partant par-dessus la tête ou les bras. Les virtuoses du basket au cours de la partie quand ils tentent le panier d'une main, après frappé au panneau, arrivent à lui donner l'effet voulu. Ceci demande une grande adresse et beaucoup d'entraînement.

On peut aussi donner « l'effet » au ballon quand on tente un panier directement. Il entre plus facilement après avoir roulé sur les bords du panier parce qu'il rebondit moins.

L'essai au panier de loin. — L'essai au panier de loin entre cinq à huit mètres environ peut se faire soit avec flexion préalable du tronc, soit directement.

Dans le premier cas, le joueur s'arrête, fait face au panier, les jambes écartées et légèrement fléchies; dans cette position il fléchit le corps en avant pour amener le ballon tenu à deux mains à hauteur des genoux, puis **sans arrêt,** dans un mouvement continu et par une extension complète de tout le corps, il se redresse, élève les bras vers le haut et lance le ballon dans la direction du panier, les mains l'accompagnant le plus loin possible pour lui donner plus de précision. Quand ce lancer au panier est bien exécuté, s'entraîner à le faire en sautant, en sautant au moment final de l'extension du tronc. Le saut permet d'accompagner le ballon plus loin et de donner plus de chance à la réussite du panier. Au cours de la partie, cet essai au panier est très facilement parable en raison de la longueur de son exécution, aussi le joueur ne doit-il le tenter que s'il est complètement démarqué.

Pour remédier à cet inconvénient et pour l'essai au panier de loin, il faut s'entraîner à la perte de temps occasionnée par la flexion du tronc et de commencer le lancer à la hauteur à laquelle le ballon est reçu (poitrine, épaule, tête). De cette façon on peut se démarquer facilement et tenter le panier. On le fera en tenant le ballon à hauteur où on l'aura reçu, les bras fléchis, les jambes légèrement fléchies pour une extension du corps en étendant les bras dans la direction du panier. Faire l'extension des bras avec force pour suppléer au mouvement préparatoire du tronc.

L'on doit, comme précédemment, pour assurer la force et la précision du lancer, accompagner avec les mains le ballon le plus loin possible. On le fera d'abord en s'allongeant, en s'élevant sur un pied le plus possible et ensuite en sautant.

L'essai au panier de près. — Quand le joueur se trouve à moyenne distance, il fait l'essai au panier comme nous l'avons indiqué précédemment à deux mains et sans flexion préalable du corps. Il le fait aussi quand il se trouve entre 3 et 5 mètres. Mais à moins de 3 mètres, distance considérée comme à proximité du panier, il emploiera d'autres procédés.

1° A proximité du panier s'il est étroitement marqué, il élève le ballon au bout des bras, et en sautant pour l'accompagner le plus loin possible, il *pousse* la balle verticalement dans la direction du panier.

2° S'il se trouve à proximité du panier, mais de côté et marqué de près par un adversaire, il fait l'essai au panier en lançant le ballon sur le panneau en visant un point sur le côté et au-dessus du panier. Il lance le ballon en lui faisant décrire un demi-cercle dirigé sur le côté opposé du panier (endroit visé), *l'effet* donné au ballon le ramènera dans le panier. Cet essai se fait à une ou deux mains. Si l'adversaire marque le joueur du côté droit, lancer au panier de la main gauche pour éviter l'arrêt.

Mises au panier après marche ou course. — La grosse difficulté du basket est la mise au panier avec déplacement, soit marche, soit course. Quand on réceptionne le ballon, l'on n'est pas souvent arrêté sur place, l'on est en cours de déplacement, soit marche, soit course. Si pour tenter le panier l'on est obligé de s'arrêter, l'adversaire a le temps de s'interposer. Il faut donc que le joueur s'entraîne avec mises en panier après réception en marchant ou en courant. Ceci demande beaucoup d'entraînement et d'adresse mais est *indispensable pour bien jouer.*

Pour lancer au *panier en marche,* recevoir le ballon en marche, terminer le pas amorcé, puis faire un pas pour prendre l'élan, et lancer de l'endroit où le ballon est reçu en amorçant un nouveau pas qu'on termine après le lancer du ballon. Continuer la marche. Tout ceci est fait avec rapidité pour utiliser le pas (bond) au service du lancer.

Pour la *mise au panier en courant,* procéder comme pour le lancer en marchant ; recevoir sur un pas de course, faire un pas d'élan, et lancer avant l'exécution finale d'un autre pas de course. Faire ceci rapidement, de façon à exécuter un véritable bond dans le vide, ce qui permet de donner une force plus ou moins grande à la mise au panier et de l'utiliser de loin comme de près. Loin en lançant fort, près en poussant simplement. Ces lancers en courant, loin comme près, peuvent être faits de deux mains ou d'une seule.

L'entraînement à la mise en panier doit être très poussé, le joueur doit savoir exécuter parfaitement toutes les mises au panier que nous venons de décrire aussi bien directement qu'après visée au panneau, suivant les positions et les possibilités. Pour les visées au panneau donner toujours l'effet au ballon, et viser à hauteur variable suivant l'éloignement du joueur. Plus on est près, plus on doit viser sur le panneau et inversement.

Quand le joueur est bien entraîné aux lancers simples que nous venons d'étudier, il doit s'habituer à faire des mises au panier plus compliquées, c'est-à-dire précédées de phases de jeu.

Essai au panier après roulé au sol. — Rouler le ballon au sol, puis arrivé à distance et avant d'être marqué, se redresser, extension vive et lancer à deux mains, en marchant ou en courant.

Après dribbling. — Dribbler le ballon, puis arrivé à bonne distance et avant d'être marqué ou gêné par un adversaire, saisir le ballon à deux mains et faire l'essai au panier en marchant ou en courant. Se fait également d'une main.

Après dribbling, feinte. — Dribbler le ballon, feinter un adversaire qui vous gêne devant le panier, par un dribble de côté et de suite essai au panier en marchant ou en courant.

Après esquive de côté. — Saisir le ballon à deux mains devant un adversaire qui vous marque de face, faire une esquive du corps et du ballon à gauche en faisant un pas du pied droit (on esquive ainsi le joueur) et de suite essai au panier en se relevant et avant le deuxième pas, ou sur place si cela est possible.

Après feinte sur place. — Ayant réceptionné la balle marqué de près par un adversaire, feinter sur place plusieurs fois pour simuler le départ soit à droite, soit à gauche et lorsqu'on est fugitivement démarqué, essai au panier, soit en marchant, soit en courant.

Déclenchement d'une offensive. — Le joueur n° 2 s'apprête à faire une passe à l'un de ses co-équipiers ; celui-ci est déjà prêt à contrôler la balle et partir en dribble. — Un adversaire les yeux fixés sur le ballon va intervenir et essayer d'intercepter la passe.

Un lancer franc qui vient d'être exécuté d'une façon parfaite par le joueur nᵒ 3. — La balle retombera sûrement dans le panier, le panneau ayant été frappé à la hauteur convenable.

Par frappé d'une main. — Quand le joueur placé près du panier et étroitement marqué ne peut réceptionner une passe trop haute, il fait une prolongation de passe par un frappé au ballon dans la direction du panier, soit sur place, soit en sautant. Demande beaucoup d'adresse et d'à-propos.

Mise au panier par-dessus la tête. — Quand le joueur est marqué par un adversaire très grand, il porte le ballon tenu à deux mains derrière la tête, les bras légèrement fléchis, le corps penché en arrière, et de cette position par une extension vive des bras et du corps, le lancer dans la direction du panier en le faisant passer par-dessus la tête de l'adversaire, en chandelle. Se fait d'abord sur place, puis en sautant sur place.

Mise au panier en arrière. — Lorsqu'un joueur, pour une raison quelconque se trouve sous le panier et parallèlement au panneau, et marqué par un adversaire, qui l'empêche de lancer, il trompe le joueur en le feintant, le passe d'un pas et comme à ce moment il tourne le dos au panier, il lance le ballon derrière soi dans la direction du panier, par une extension du tronc et une élévation des bras le plus haut possible pour accompagner le ballon et assurer sa direction.

CHAPITRE IV

DU ROLE DES JOUEURS

Vu l'exiguïté du terrain, le rôle des joueurs de basket est moins nettement défini qu'au football ou au rugby par exemple, sports de grands terrains. On considère généralement deux lignes de joueurs ; la ligne d'attaque composée des deux avants et du demi et la ligne de défense composée des deux arrières et aussi du demi. On voit de suite le rôle important confié au centre ou demi.

Les avants. — Les avants doivent gagner du terrain, se rapprocher du panier et le tenter. Là est leur rôle essentiel. Ils doivent être par conséquent mobiles, mais surtout adroits. L'avant doit constamment dé-

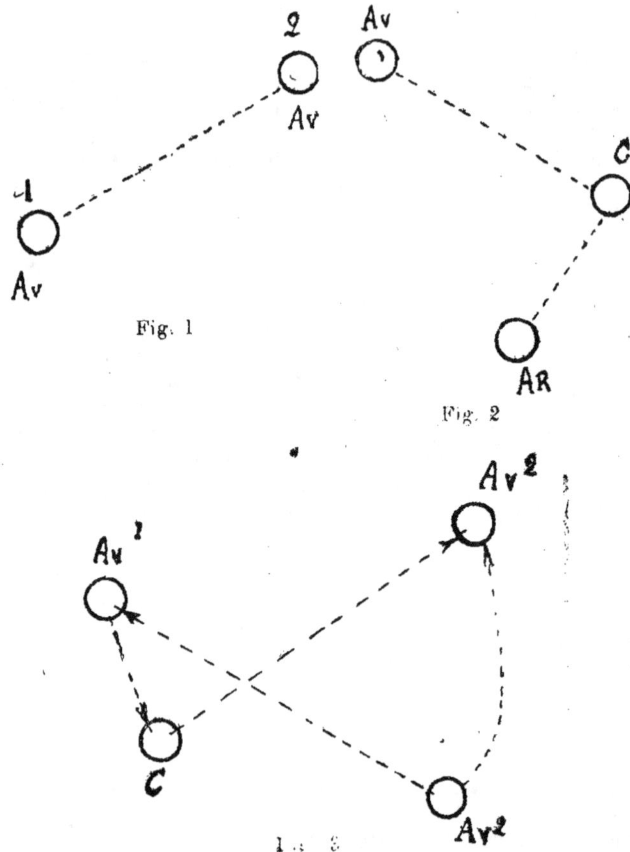

Fig. 1

Fig. 2

Fig. 3

marquer et se placer au bon endroit pour réceptionner la passe. Les avants utilisent de préférence la passe courte. Ils procèdent par séries de passes courtes redoublées, entre eux, leur demi qui agit un peu alors

comme avant centre, et avec les arrières quelquefois.
L'avant utilise la passe quand il est marqué, il fait
une passe courte et se démarque aussitôt. Les passes
redoublées sont la passe en ligne, en ciseaux et en
triangle.

En ligne quand deux joueurs se font des passes redoublées en avançant (*fig. 1*).

En ciseau, quand le centre, derrière ses avants, re-
double ses passes en les croisant alternativement avec
les avants qui, en se démarquant lui renvoient le ballon
en arrière (*fig. 2*).

En triangle, quand les passes font intervenir les
avants, le centre et un arrière (*fig. 3*).

Les passes courtes sont faites avec à-propos et rapidité, l'avant qui ne possède plus le ballon doit avoir
le souci de le démarquer et de se placer pour recevoir
la passe utilement dès qu'elle lui sera faite.

Est-ce dire que l'avant doit utiliser seulement la
passe ? Non pas ! Chaque fois qu'il n'est pas gêné, il
doit se rapprocher du panier par les procédés qui lui
sont permis, roulé et dribbling, jusqu'au moment où
il doit passer ou tenter le panier.

L'avant, en possession du ballon, doit chaque fois
qu'il est assez rapproché, tenter le panier. Il ne tentera
jamais un panier de loin s'il est gêné, s'il est complètement démarqué, il pourra tenter la mise au panier à
bonne distance, dans le cas contraire, il passera à un
équipier mieux placé. Il ne doit pas passer au hasard,
à un co-équipier trop marqué ; dans ce cas, il dribble
pour leur permettre de se démarquer.

Il évitera les deux contre un, qui pénalisent son
équipe.

Près du panier adverse, les avants doivent éviter les
cafouillages. Si un avant tente le panier, l'autre avant
se porte rapidement en avant pour pousser la balle à
sa descente et essayer à nouveau un nouvel essai. S'il
ne réussit pas et si à ce moment il est trop marqué, il
passe en arrière pour amorcer une nouvelle attaque
et se démarque aussitôt. Pour l'avant, après la série de
passes courtes, le but final est l'essai au panier. Il
doit se rendre compte que les arrières et même le
demi adverses feront tout pour l'en empêcher, c'est le

moment pour lui d'utiliser toutes ses ressources, toutes
les finesses des mises au panier, feintes, esquives, dribbling de dégagement, etc...

Dans la défensive, les avants doivent suivre et marquer étroitement les arrières adverses pour les empêcher de jouer, de recevoir une passe, ou de passer.
Il le gênera de toutes les façons permises. Il intercep-
tera les passes entre arrières et tentera le panier de
loin. Si ses arrières s'emparent du ballon, il se démarquera et repartira en avant pour se transformer à
nouveau en attaquant.

Le centre ou demi. — C'est le pivot de l'équipe, il
a au cours de la partie un rôle écrasant. Toujours sur
les dents, il joue du commencement à la fin. Il doit
avoir toutes les qualités, par nous énumérées. De préférence, il sera choisi grand et résistant. Dans l'attaque,
il joue le rôle de centre avant, il procède avec eux par
passes courtes de toutes sortes, sa mobilité doit être
très grande, de par sa position, il sera obligé de tenter
de nombreux paniers. Marqué très souvent, dans l'impossibilité de passer à ses avants marqués eux-mêmes,
il passera aux arrières, et se démarquera rapidement
pour reprendre aussitôt son rôle d'attaquant. Il sera
très expert dans l'art des essais au panier, surtout les
lancers faits de loin.

Dans l'attaque, quand le centre est loin du panier,
et qu'il est démarqué, il use du dribble ou du roulé,
pour se rapprocher du but, tenter le panier ou passer
à un avant bien placé.

Dans la défense, il marque le centre adverse et
essaie de reprendre le ballon, ou intercepte les passes
adverses pour reprendre l'initiative du jeu et passer à
l'attaque. A cet effet dès qu'il est en possession du
ballon, il passe à un avant démarqué, ou il avance en
dribblant s'il n'est aucunement gêné. S'il est étroitement marqué, ainsi que les avants, il fait une passe
courte à un arrière démarqué pour ne pas risquer de
faire intercepter la balle par un avant qui marquerait
le but.

En résumé, le centre doit être le meilleur joueur de
l'équipe.

Les arrières. — L'arrière doit être un joueur, accrocheur, possédant beaucoup de sang-froid et résistant. Il doit être très entraîné au contrôle de la balle qu'il aura souvent en mains dans la défensive.

La place de l'arrière est près du panier. Les deux arrières sont sur la même ligne, derrière l'avant du même côté qui devient son partenaire (voir plan), page 41.

Dans l'offensive, l'arrière se porte en avant en suivant le demi-centre ou son partenaire avant, il participe à l'attaque par des redoublements de passe. C'est avec lui que se font les passes en triangle, dont il occupe le sommet. Le centre ou l'avant marqué passe à l'arrière, qui repasse au centre ou à l'avant qui a pu se démarquer. **Le second arrière** doit protéger le panier en restant en arrière de son partenaire.

Dans certains cas d'attaque, quand il n'a personne devant lui, il peut dribbler et tenter le panier, mais d'assez loin, chose à laquelle l'arrière doit être entraîné.

Mais le véritable rôle de l'arrière est surtout un rôle défensif. Il doit paralyser le rôle des avants attaquants, intercepter les passes, saisir le ballon en toutes circonstances pour dégager le panier et dégager en passes longues sur le centre ou les avants démarqués.

Quand il ne peut dégager à temps, il essaie d'empêcher par tous les moyens permis les tentatives de panier en paralysant, en gênant l'adversaire. Il se place devant lui, saute, étend les bras, fait dévier le ballon, etc... S'il n'a pu empêcher une tentative au panier, il ne perd pas de vue le ballon pour s'en saisir quand il retombe et dégage par une passe à une ou deux mains. On voit pourquoi l'arrière doit être bon sauteur, adroit dans le contrôle du ballon et posséder un grand calme.

CHAPITRE V

CONSIDERATIONS TACTIQUES. — ENTRAINEMENT

Comme tous les sports d'équipe, le basket exige l'entente parfaite et l'homogénéité entre les joueurs. Pas de personnalité, pas de jeu pour la galerie dans l'intention de se faire admirer. Dès qu'on ne peut rien faire d'utile avec le ballon, il faut le passer. Nous ne le dirons jamais assez, passer, se démarquer, se placer, sont les préoccupations constantes du joueur. Si simples qu'elles paraissent, il ne les acquerra qu'avec une longue pratique, car en plus des qualités physiques, elles exigent le sang-froid, le calme, la réflexion qui font la science du jeu.

L'ensemble du jeu d'une équipe est fait de la succession et de la combinaison, des dribblings, roulés au sol, passes, lancers, essais au panier, feintes, esquives. Les combinaisons tactiques sont nombreuses et variables presque à l'infini. Elles découlent de la bonne entente et de la science de l'équipe. C'est pour cette raison qu'à l'entraînement il faudra toujours travailler les combinaisons tactiques pour assurer le travail efficace de l'équipe.

Nous allons indiquer les principales règles susceptibles d'orienter ce travail tactique de l'équipe.

Quand une équipe a le ballon en sa possession et qu'elle passe à l'attaque, tous les joueurs de l'équipe doivent, pour concourir à cette attaque, être prêts à intervenir à tout moment, se démarquer et se placer sans s'occuper de gêner ou de démarquer leurs adversaires.

Quand au contraire une équipe perd le ballon et se sent menacée, elle passe à la défensive. Tous les joueurs doivent marquer étroitement leurs adversaires, les suivre, pratiquer l'obstruction permise pour empêcher leur action et gêner l'attaque.

Bannir le jeu personnel et passer quand on est gêné. Tenter le panier dès qu'on est en bonne position pour le faire.

Suivre toujours le jeu avec attention pour se placer toujours convenablement et se démarquer en temps utile.

Eviter toutes les fautes qui peuvent pénaliser l'équipe:

Les brutalités, les crocs-en-jambe, charger, pousser, etc. Le ballon tenu.

Frapper le ballon avec une autre partie du corps que la main ouverte.

Ne pas se porter à un endroit où deux joueurs se

disputent la balle ou sont sur le point de la recevoir pour éviter les deux contre un.

Ne pas faire plus d'un pas avec le ballon dans les mains.

Et en général toutes les fautes défendues au code du basket. Chaque fois que la ligne d'attaque est étroitement marquée, le joueur en possession du ballon ne sera pas personnel, il passera aux arrières en évitant les avants adverses bien placés à ce moment pour tenter le panier s'ils interceptent la balle. L'arrière à ce moment doit du reste se démarquer et redoubler la passe au centre ou aux avants.

Tous pour un, un pour tous, telle doit être la mentalité de l'équipe.

L'ENTRAINEMENT

L'entraînement des équipes d'un même club est placé sous la direction générale d'un manager directeur. Chaque équipe est commandée par un capitaine.

Le but de l'entraînement est double : 1° amener le débutant à devenir bon joueur en étudiant méthodiquement tous les procédés techniques du jeu, et à le perfectionner physiquement pour lui permettre l'entrée dans l'équipe.

2° Amener le joueur à tenir convenablement sa place dans l'équipe en développant ses qualités d'initiative, de décision, de calme, en perfectionnant ses qualités techniques dans le groupe, en lui faisant acquérir le souffle et l'endurance nécessaires.

3° Amener l'équipe tout entière au jeu homogène et d'entente qui permet de réaliser les bonnes combinaisons tactiques qui augmentent la facture du jeu et mènent à la victoire.

1° *Travail technique.* — L'entraînement individuel aux procédés techniques se fait au moyen de séances spéciales d'une durée de variable de trente minutes à une heure et dirigées par le manager directeur et quelques anciens joueurs.

Toutes les explications nécessaires seront données

D'arrêter la balle avec le corps

De frapper la balle avec la tête

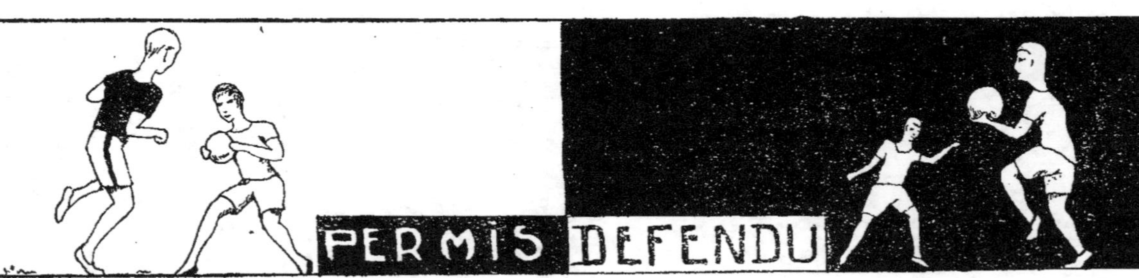

De courir sans le ballon

De courir avec le ballon.

De faire rebondir plusieurs fois le ballon en l'air

De faire rebondir plusieurs fois le ballon sur
le sol.

De gêner son adversaire

De saisir l'adversaire, soit au corps, soit aux
jambes et d'être brutal avec lui.

Bon engagement :

Mauvais engagement :
Le genou est levé

De toucher ou secouer
le ballon pour réussir un panier

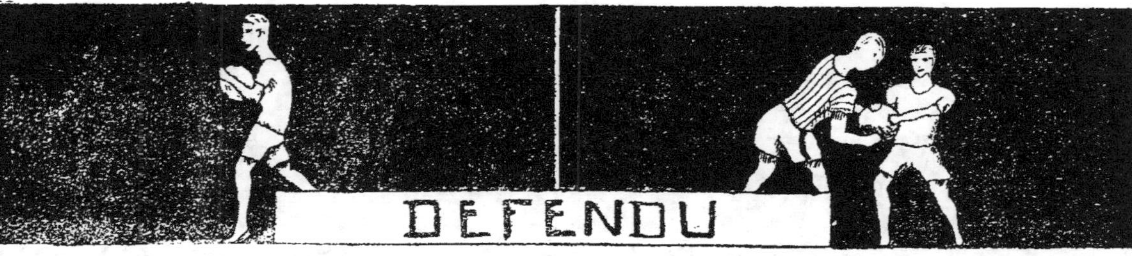

De bloquer la balle

De tenir ou d'immobiliser la balle plus de
5 secondes

De frapper avec le poing

De frapper avec la main ouverte

2 contre 1. Permis
Un seul joueur gêne l'adversaire.

2 contre 1. Défendu.
Les deux joueurs gênent l'adversaire

Le deux contre deux

Le trois contre deux

aux débutants ; ils commenceront ensuite le travail, qui sera suivi des corrections nécessaires. Voici une progression qui pourra être suivie pour ce travail.

1° *Etude des passes* :

Passes courtes à une main, puis à deux mains, un moniteur au centre envoyant le ballon aux élèves en cercle autour de lui.

Passes courtes à une main, puis à deux mains et contrôle du ballon, les joueurs sur deux rangs face à face, à 3 mètres.

Passes demi-longues et contrôle, les élèves sur deux rangs, face à face, à 5 mètres environ. Etudier les passes de la main droite, de la main gauche, puis des deux mains.

Passes longues et contrôle du ballon, du droit, puis du gauche, les élèves face à face à environ 10 mètres pour le bras droit et 8 pour le bras gauche.

Passes courtes redoublées par groupe de deux élèves en courant sur la longueur du terrain.

Passes courtes par cinq joueurs étalés sur le terrain et changeant de place pendant l'exécution de chaque passe.

Passes courtes, redoublées et en ciseaux par cinq élèves, se déplaçant dans la longueur du terrain.

Passes courtes en triangle, par cinq joueurs, en avançant.

Passes courtes, en triangle, intercalées de passes longues de dégagement.

Remarque. — Toutes ces passes sont faites partant de toutes positions et de hauteurs variables. Les joueurs ne sont gênes pendant leur exécution par aucun adversaire. Elles seront exécutées jusqu'à la réalisation parfaite.

Toutes ces passes seront alors exécutées à nouveau, mais les instructeurs marqueront les joueurs pour les gêner dans leurs passes.

2° Etude du dribble et du rouler au sol.

Les joueurs, en traversant le terrain, dribblent à tour de rôle, tantôt de la main droite, tantôt de la gauche, et alternativement.

Plusieurs joueurs sur la même ligne dribblent et se passent la balle à chacun leur tour pour traverser ainsi tout le terrain.

Rouler le ballon au sol pour progresser.

Rouler le ballon au sol pour progresser et passe à un équipier.

Les mêmes exercices sont répétés, les instructeurs marquant les joueurs pendant la progression pour les gêner et les obliger à la passe au moment opportun.

3° Etude des rentrées en touche.

Rentrées en touche de loin.

Rentrées en touche de près.

4° Etude de l'engagement.

5° Etude du lancer franc, ses différentes formes, ses suites.

6° Marquer et se démarquer. Marquer et se démarquer constituent une grande partie de la science du basket. Un groupe de joueurs forme un cercle et se passe le ballon. Des instructeurs placés au centre marquent les joueurs qui essaient à tout moment de se démarquer.

Deux équipes de cinq élèves forment deux cercles assez grands : un intérieur, l'autre extérieur. Le cercle en possession du ballon passe en se démarquant, l'autre cercle marque et intercepte le ballon. On intervertit les rôles.

On exécute ensuite l'exercice précédent, non plus en cercle, mais en ligne sur toute la longueur du terrain, mais sans essai au panier.

7° Etude de l'essai au panier.

Lancer sur place à deux mains à 2 mètres (près).

Lancer sur place à deux mains à 5 mètres (loin).

Les mêmes lancers du bras droit, puis du gauche.

Répéter les mêmes lancers sur place, en se plaçant à des endroits et à des distances différentes du panier. Changer de place entre joueurs pour s'habituer à lancer de toutes places. Ce travail sera fait en groupe et le plus rapidement possible.

Lancer au panier après réception de passe en marchant.

Lancer au panier après réception de passe en courant.

Ces deux exercices sont faits de loin et de près du
panier, 5 mètres et 2 mètres environ, à deux mains,
puis à une main, face au panneau d'abord, puis d'autres positions plus difficiles. Les joueurs ne doivent
pas oublier qu'ils ne peuvent faire qu'un pas entre
la réception de passe et le lancer au panier. Ils conti-
nueront ensuite à marcher ou à courir suivant le cas.

Lancer au panier, de très loin (7 à 8 mètres). Arrêté
à deux mains avec flexion et extension du tronc.

Lancer au panier à une main par prolongation de
passe (frappé).

Lancer au panier après dribbling.

Lancer au panier après roulé au sol.

Lancer au panier après dribbling d'échappement.

Lancer au panier après feinte à droite ou à gauche,
de la main droite, ou gauche, ou des deux.

Lancer au panier après esquive.

Lancer au panier en arrière après passage sous le
panier, par course parallèle au panneau.

Lancer au panier des deux mains de derrière la tête.

Lancer de très près en chandelle, en poussant la balle.

Ce travail sera fait par groupe de joueurs et très vite
pour ne pas perdre de temps. Les instructeurs et le
manager directeur dirigeront les passes et répartiront
le terrain et les paniers. Cet entraînement sera fait
sans aucune obstruction, puis en faisant marquer les
joueurs par les instructeurs.

2° *Travail tactique d'ensemble.* — Se fait en des séances de 45 minutes, environ deux fois par semaine. Le
but est d'obtenir la formation tactique du joueur et sa
résistance au jeu.

Le manager, aidé d'un instructeur, placera les équipes
sur le terrain, et fera exécuter des passes de jeu, d'abord
avec explications, puis sans explications. Il réalisera des
conceptions tactiques simples d'abord, puis plus difficiles ensuite, arrêtant le jeu chaque fois qu'il y aura une
critique à faire ou une explication à donner. Dès que
les principales tactiques du jeu seront connues, il lais-
sera les joueurs les réaliser d'eux-mêmes, en trouver

de nouvelles, ne relevant dans le cours de l'entraînement que les grosses erreurs. La critique est faite à l'arrêt du jeu. Il proscrira tout jeu personnel et trouvera la place de chacun pour la formation des équipes.

3° *Travail de l'équipe.* — L'équipe est formée, le capitaine est désigné. Le manager, aidé du capitaine, dirige alors l'entraînement de l'équipe, de façon à lui donner le fini, l'homogénéité, la vitesse de conception, la résistance, qui font les grandes équipes. Il faudra encore deux séances d'entraînement par semaine (45 minutes environ). De temps à autre, une fois par quinzaine, il réunira les joueurs pour des causeries et des démonstrations tactiques au tableau noir. Il fera jouer méthodiquement et sans brutalité, s'attachant plutôt à obtenir de belles phases de jeu classiques et scientifiques, qu'un jeu dur et sans efficacité pratique. Il amènera l'équipe à jouer des mi-temps entières à toute vitesse, pour obtenir la résistance et l'endurance des joueurs. La critique et les corrections seront faites après les mi-temps. Les dernières séances d'entraînement avant la mise au point final seront dirigées uniquement par le capitaine de l'équipe qui doit affirmer son autorité.

Le joueur doit toujours être en possession de ses moyens physiques. Pour cela, il pratiquera, chaque jour, la culture physique (1), à laquelle s'ajouteront quelques exercices de medecine-ball et de saut à la corde.

Du reste, avant chaque séance d'entraînement, le manager devra faire consacrer 10 minutes à toute l'équipe pour l'exécution de quelques exercices de culture physique, de saut à la corde et de medecine-ball. Le saut à la corde prépare les muscles des jambes, à la détente nécessaire pour les sauts si souvent utilisés au basket et le medecine-ball prépare au maniement et au contrôle du ballon. Le joueur, de plus, pratiquera une hygiène sévère.

Le capitaine. — Le capitaine sera un bon joueur, intelligent, ayant la science du jeu. Mais sa plus grande qualité sera son ascendant sur ses équipiers. Il a la

____

(1) Mon nouveau système pour Hommes, de la même collection.

direction et la responsabilité de l'équipe, par conséquent il doit pouvoir exercer son autorité sur les autres joueurs. Il n'en abusera pas et sera toujours bienveillant quoique ferme. Ses camarades doivent lui obéir et l'aimer sans le craindre. Il contrôlera l'exactitude aux séances d'entraînement, fera la critique amicale de ces séances, montrant toujours l'exemple en toutes occasions.

L'arbitre. — L'arbitrage d'un match de basket est très difficile, l'arbitre a un rôle très délicat, en raison de la vitesse du jeu et de la multiplicité des fautes à siffler. Une partie mal arbitrée n'est pas intéressante à suivre, c'est un jeu haché d'arrêts inopportuns et de discussions de toutes sortes.

L'arbitre sera de préférence un ancien joueur, dans le cas contraire, il aura suivi de nombreux matchs pour acquérir les qualités indispensables : attention soutenue, coup d'œil sûr, le sang-froid, la décision, l'autorité.

L'arbitre doit suivre le ballon, mais sans gêner les joueurs. Pour cela, en largeur, il évoluera le long de la touche, en longueur, il se tiendra à mi-distance, entre le ballon et le milieu du terrain.

Pour les remises en jeu à la touche, il se placera en face du point où la rentrée doit être exécutée, et exigera la rentrée à cet endroit.

L'arbitre ne sifflera pas constamment ni n'interviendra à tous propos. Il sifflera avec rigueur toutes les fautes, principalement les fautes personnelles, mais il ne sifflera pas, les remises en jeu, les sorties en touche, lorsqu'elles sont apparentes pour tous.

Il ne devra siffler les fautes techniques que si elles se sont véritablement produites ; n'être pas trop rigoureux et ne pas siffler un bloquage par exemple, pour une balle qui, glissant des mains, aurait été reprise près du corps, sans être bloquée par ce dernier.

Il doit appliquer avec à-propos surtout la règle de l'avantage, qui pénalise seulement de la perte du ballon. L'arbitre ne doit pas siffler quand la faute s'est produite, mais seulement après s'être assuré qu'elle ne profitera pas au camp adverse. Il faut donc ne siffler une **faute** que quelques secondes après, ou laisser continuer le jeu, si le camp adverse s'est emparé de la balle.

Il ne sifflera les deux contre un, que si le joueur seul est réellement gêné dans son exécution par la proximité du deuxième adversaire.

Contre les fautes techniques volontaires, l'arbitre donne un avertissement au joueur et pénalise son équipe de lancers francs, s'il recommence. Il cherchera à les découvrir et les pénalisera durement, car elles se dissimulent facilement par des gestes courts, brusques et rapides et nuisent à la science du jeu.

Il calmera l'ardeur des débutants qui jouent d'une façon brutale et désordonnée, voulant s'emparer du ballon, pratiquant l'obstruction sur n'importe quel joueur et sont cause de blessures et de vilain jeu.

L'arbitre doit toujours être le maître de la partie. Il réprime avec sévérité toutes les discussions et tous les écarts de langage. Il usera dans ce cas de la pénalité de lancers francs, pour conserver au jeu sa beauté et l'empêcher de dégénérer en un sport brutal et sans intérêt.

Le sport du basket-ball est régi en France par la Fédération française d'athlétisme et de basket-ball, dont le siège est à Paris, 3, rue Rossini.

Tableau des principales fautes et leurs pénalisations

Ballon remis en jeu au centre		**Ballon remis en jeu de la ligne de lancer franc**	
1° Au commencement de chaque mi-temps. 2° Quand un panier a été réussi. 3° S'il y a eu dans un lancer franc faute commise par un partenaire du lanceur. 4° Quand le ballon a été bloqué dans les supports du panier. 5° Après le dernier lancer franc qui suit une double faute. 6° Après lancer franc irrégulier. 7° Lorsqu'un joueur met plus de 10 secondes pour exécuter un lancer franc lui ayant été accordé.	La remise en jeu est faite par l'arbitre	Après un tenu dans la surface de lancer franc. Lorsque le ballon sera sorti du jeu, de la surface de lancer franc, sans que l'arbitre puisse déterminer quel est le joueur qui a mis le ballon hors jeu.	par l'arbitre

Ballon remis en jeu à l'endroit de la faute		**Ballon remis en jeu de la ligne de touche**	
Ballon tenu.	par l'arbitre	1° Quand le ballon a été mis hors jeu. 2° Après deux dribblés d'un même joueur. 3° Si un joueur frappe ou pousse la balle avec le poing, le pied, la tête, le corps, ou le bloque avec une partie du corps autre que les mains. 4° Si un joueur marche avec le ballon dans les mains. 5° Après un dribbling irrégulier.	La remise en jeu est toujours faite par un adversaire de celui qui a commis la faute

Fautes pénalisées par un lancer franc		Faute pénalisée par deux lancers francs	
1° Faute technique sans gravité répétée volontairement.	Le lancer franc est exécuté par le joueur contre qui la faute a été commise	Faute commise contre un adversaire qui essaie de lancer le ballon au panier (tirer, pousser, croc-en-jambe, charger, etc., etc…)	Les 2 lancers francs sont faits par le joueur contre qui la faute a été commise.
2° Retard de jeu volontaire.			
3° Deux contre un.		**Remise en jeu passant au camp adverse**	
4° Deux contre trois.			
5° Deux contre deux.	1 lancer franc de chaque côté.	1° Lorsqu'un joueur porte à l'intérieur du terrain un ballon hors jeu.	
6° Pousser, tirer, ou frapper le poteau, le basket ou le ballon pendant que celui-ci est sur le point d'entrer dans le basket.	Le lancer franc est toujours exécuté par le joueur lésé.	2° Lorsqu'un joueur retouche le ballon après l'avoir mis en jeu, avant qu'il ait été touché par un autre joueur. 3° Si le joueur qui fait la mise en jeu reste plus de cinq secondes.	Apprécia-tion de l'ar-bitre.
7° Brutalité, croc-en-jambe, pousser, ti-rer, tenir, accrocher, charger, frapper un adversaire.		4° Si le joueur qui fait la mise en jeu touche la ligne de touche, de but ou le terrain de jeu avec le pied pendant cette remise en jeu.	

PLAN

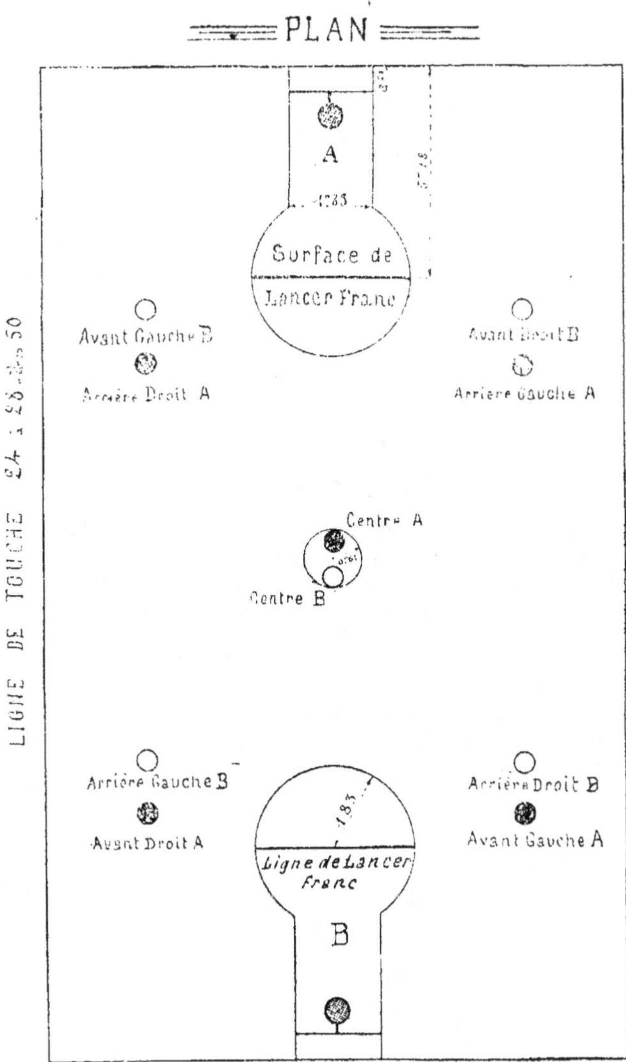
A
Surface de
Lancer Franc
Avant Gauche B
Arrière Droit A
Avant Droit B
Arrière Gauche A
Centre A
Centre B
Arrière Gauche B
Arrière Droit B
Avant Droit A
Avant Gauche A
Ligne de Lancer
Franc
B
LIGNE DE TOUCHE 24 à 28 à 30
LIGNE DE BUT 13 à 15 mètres

CODE

CHAPITRE PREMIER

TERRAIN

REGLE I

Dimensions et tracé

Article premier. — Le terrain doit être rectangulaire, ferme et bien nivelé ; ses dimensions sont : maxima, de 28 m. 50 sur 15 ; minima, de 24 mètres sur 13.

Art. 2. — Le terrain doit être limité par des lignes bien définies, d'au moins trois centimètres de largeur. On appelle « lignes de touche » les lignes des côtés les plus longs, « lignes de but » celles des côtés les plus courts. Le terrain doit être choisi de telle sorte que ces lignes se trouvent à au moins un mètre de tout obstacle.

Art. 3. — Le cercle du centre doit avoir 61 centimètres de rayon.

Art. 4. — Les lignes de « lancer franc » ont 3 centimètres de largeur ; elles sont tracées parallèlement aux lignes de but et à 5 m. 18 de ces lignes ; elles traversent entièrement le cercle de la surface de « lancer franc ». (Voir plan.)

Art. 5. — Les surfaces de « lancer franc » sont limitées sur le terrain par des lignes perpendiculaires aux lignes de but, tracées à une distance de 0 m. 915 de chaque côté du milieu de ces lignes. Ces lignes perpendiculaires se raccordent à une circonférence d'un rayon de 1 m. 83, dont le centre sera le milieu des ligne de lancer franc. (Voir plan), page 41.

CHAPITRE II

MATÉRIEL

REGLE II

Des panneaux

ARTICLE PREMIER. — Les panneaux ont 1 m. 83 de largeur et 1 m. 22 de hauteur. Ils sont en bois plein et peints d'une couleur claire. Aucune marque ne doit apparaître.

Chaque panneau est fixé sur un poteau ayant au maximum 10 cm. de côté. Le panneau peut être consolidé par une jambe de force, dont le sommet sera fixé à au moins 3 mètres du sol et la base fichée en terre, à un minimum de 2 mètres au delà de la ligne de but.

ART. 2. — Les panneaux sont placés à 61 centimètres des lignes de but.

Les « Basket »

ARTICLE PREMIER. — Les « Basket » ou paniers, sont constitués par des cercles en fer rond, très rigides, auxquels sont suspendus des filets de corde, sans fond, de façon à ne pas arrêter le ballon quand il passe dans le basket.

ART. 2. — Le diamètre intérieur des cercles est de 46 centimètres.

ART. 3. — Les cercles doivent être fixés solidement au milieu des panneaux, à 0 m. 30 du bord inférieur. Ils doivent être horizontaux, à 3 m. 05 du sol et distants de 16 centimètres des panneaux.

Du ballon

ARTICLE PREMIER. — Le ballon doit être rond, en cuir lisse (sans coutures extérieures), avec vessie en caoutchouc. Il doit avoir de 75 à 80 centimètres de circonférence et peser de 570 à 650 grammes.

ART. 2. — Dans les matchs de championnats, l'équipe qui reçoit fournit les ballons nécessaires. Si un ballon neuf est fourni, aucune équipe ne peut s'en servir pour s'entraîner.

NOTES. — *Terrain et matériel* : 1° L'équipe qui reçoit est tenue d'assurer le tracé régulier du terrain à l'heure fixée ; dans le cas contraire, elle perd son match par forfait.

2° Il ne peut y avoir d'espaces entre les planches ou trous d'aération dans les panneaux.

Les panneaux de ce genre ne sont pas réglementaires et ne peuvent être utilisés pour les matchs officiels.

3° Si un accident de matériel se produit au cours d'un match, et que la réparation puisse se faire immédiatement, le temps nécessaire pour celle-ci sera déduit et le match continuera après la remise en état du matériel. Dans le cas contraire, on changera de terrain ou l'arbitre remettra le match.

4° L'équipe qui reçoit doit fournir au moins deux ballons en bon état.

5° La grosseur du fer employé dans la construction des cercles n'est pas spécifiée, cependant il serait désirable que le fer rond employé fût d'environ 20 mm. de diamètre ; en tous cas, il n'aura pas moins de 12 mm. de diamètre.

6° Les filets de « basket » sont en corde et ont une longueur minimum de 0 m. 40. Les filets doivent être remplacés aussitôt qu'ils sont défectueux.

CHAPITRE III

JOUEURS ET OFFICIELS

REGLE III

Des joueurs et des remplaçants

ARTICLE PREMIER. — Chaque équipe comprend cinq joueurs, dont un capitaine.

ART. 2. — Le capitaine est le représentant de son équipe et doit en diriger et contrôler le jeu.

Avant la partie, il doit fournir aux marqueurs les noms, les numéros et les positions des équipiers.

Art. 3. — Pendant la partie, un remplaçant ne peut entrer sur le terrain que si le jeu est arrêté et avec l'assentiment de l'arbitre. Ce remplaçant doit se présenter à l'arbitre avant de pénétrer sur le terrain. Un équipier qui a été remplacé ne peut plus entrer dans le jeu.

Art. 4. — Tous les équipiers doivent porter des numéros d'au moins 16 centimètres de haut sur le dos de leurs maillots.

Art. 5. — Une équipe ne peut commencer à jouer un match à moins de 4 joueurs. Pendant le courant du jeu, elle peut continuer à jouer, même si elle est réduite à moins de 4 joueurs.

Notes. — *Joueurs et remplaçants* : 1° Le capitaine seul a le droit d'entraîner son équipe à la voix ou de conseiller ses équipiers, mais il lui est interdit, ainsi qu'aux autres joueurs, de discuter sur le terrain ou de critiquer les officiels ou les adversaires.

2° Un capitaine a le droit de faire des réserves. Il doit les formuler par écrit avant le match sur la feuille d'arbitrage.

3° Les réclamations sont formulées sur le terrain en présence des officiels et confirmées sur la feuille de match, après la partie, puis par écrit à la Ligue dont dépend le club, et dans les 48 heures.

4° On peut déposer des réclamations contre un arbitre, mais si celles-ci n'étaient pas fondées, il pourrait s'ensuivre des sanctions contre les requérants.

5° Si un joueur se plaint d'une blessure non apparente et demande à être remplacé, il peut l'être, et l'arbitre, à défaut d'un médecin est seul juge.

6° Si une équipe commence à jouer à 4, et que le 5e joueur se présente, il peut entrer dans le jeu pendant la première mi-temps, à un arrêt normal de la partie et après avoir rempli les formalités prévues. On ne peut compléter une équipe au cours de la 2e mi-temps.

7° *Remplaçants*. — Le capitaine d'équipe n'a pas le droit de remplacer les joueurs à son gré, au cours de la partie. Il est permis de remplacer :

1) Les joueurs blessés pendant toute la partie, conformément au règlement ;

2) Un joueur expulsé du jeu après quatre fautes personnelles inscrites au tableau, mais seulement pendant la première mi-temps. Toutefois, il n'est permis de remplacer ainsi que deux joueurs ; si un troisième joueur de la même équipe se fait expulser, il n'est plus remplacé et cette équipe continuera à jouer à quatre.

8° *Marque des joueurs*. — Le numérotage sera fait de la façon suivante :

N° 1 : avant gauche ; n° 2 : avant droit ; n° 3 : centre ; n° 4 : arrière gauche ; n° 5 arrière droit ; n° 6 : premier remplaçant ; n° 7 : deuxième remplaçant ; n° 8 : etc...

REGLE IV

Des officiels

ARTICLE PREMIER. — Les officiels sont : un arbitre, et deux marqueurs chronométreurs (l'un chronomètre, l'autre marque).

L'arbitre ne doit pas avoir d'affiliation avec les équipes en jeu et doit porter une tenue différente de celle des équipes.

Il peut être adjoint un « juge » à l'arbitre. (Consulter les notes ci-dessous.)

ART. 2. — L'arbitre est le seul maître du jeu. Il fait respecter les règles, inflige les pénalités, signale aux marqueurs les fautes « personnelles » et annonce à haute voix la valeur des points marqués. Il consulte les « marqueurs » ou le « juge » chaque fois qu'il estime cela nécessaire, pour une décision à prendre.

ART. 3. — Les marqueurs chronométreurs enregistrent sur les feuilles d'arbitrage les points marqués et les fautes personnelles commises. Ils préviennent l'arbitre, aussitôt qu'un joueur a commis quatre fautes personnelles inscrites au tableau.

Ils notent le commencement du jeu, déduisent le temps pendant lequel le jeu a été suspendu et préviennent l'arbitre de la fin de chaque mi-temps.

NOTES. — *Officiels* : 1° L'arbitre peut infliger une pénalité à l'équipe pendant un match, si, après un premier avertissement, le ou les équipiers récidivent.

2° Les marqueurs chronométreurs doivent être neutres. En cas d'impossibilité, l'arbitre peut désigner deux marqueurs chronométreurs appartenant à chacun des clubs en présence. Dans ce cas, il indique celui qui chronométrera sous le contrôle du second ; celui-ci marquera sous le contrôle du premier.

3° Les marqueurs ne doivent pas renseigner les joueurs sur le « score » ou le temps qui reste à jouer, au cours d'un match.

4° L'ARBITRE. — *Directives générales.* — Un arbitre de basket-ball doit posséder les qualités suivantes :

a) *Autorité.* — L'arbitre doit prendre de l'ascendant sur les joueurs dès le début du match, en réprimant toutes les fautes, et faire preuve, au cours de la partie, d'autorité et d'énergie.

b) *Décision.* — L'arbitre peut réfléchir et demander l'avis du juge avant de résoudre un cas particulièrement difficile, mais, dès qu'il a fait connaître sa décision, il doit en exiger l'exécution immédiate et ne jamais permettre aux joueurs (sous peine de sanctions) d'en discuter le bien-fondé.

Pour guider les joueurs, il doit indiquer succinctement la nature de la faute sifflée, mais sans admettre de discussion.

c) *Attention.* — L'arbitre doit suivre constamment le ballon des yeux, et cependant surveiller tous les joueurs. Il faut une attention continue pour voir et réprimer les nombreuses fautes possibles au basket.

d) *Sang-froid.* — L'arbitre doit rester calme et conserver son sang-froid, quelle que soit l'attitude des joueurs et du public. Il prendra toutes ses décisions selon sa conscience, sans jamais modifier sa façon d'arbitrer, sous l'influence de cris ou de réclamations.

5° *Rôle de l'arbitre avant le match.* — L'arbitre doit arriver sur le lieu de la rencontre quinze minutes avant l'heure fixée. Il se met en rapport avec le représentant officiel du club qui reçoit, et avec lui inspecte le terrain, y relève les irrégularités de tracés, de confection de panneaux de basket, etc...

Ce représentant fait exécuter tous les changements nécessaires. Si l'arbitre n'obtient pas satisfaction, il relate ses observations sur une feuille d'arbitrage.

L'arbitre remplit lui-même cette feuille et y inscrit, de sa main, les réserves formulées par les capitaines d'équipe.

L'arbitre compare les photographies des licences avec les physionomies des joueurs et s'assure de la qualification de ces derniers, en présence des deux capitaines. Il signale les joueurs ne se présentant pas avec une licence, s'assure de leur identité en exigeant des papiers officiels, et leur fait apposer leur signature sur la feuille de match.

L'arbitre conserve les licences jusqu'à la fin du match.

L'arbitre a qualité pour déclarer « forfait » l'équipe qui ne serait pas présente sur le terrain du jeu un quart d'heure après l'heure fixée (à moins qu'un règlement spécial de championnat en décide autrement), sous réserve de l'homologation ultérieure de sa décision par la Commission des Arbitres.

L'arbitre se met en rapport avec son juge (si un juge est désigné) et avec ses marqueurs-chronométreurs. Si ces derniers ne sont pas désignés, il en demande aux deux clubs en présence (un par club).

Si un des Clubs ne peut fournir de marqueur, l'arbitre peut en choisir un parmi les spectateurs ou se contenter du marqueur fourni par l'autre équipe.

Le représentant officiel du Club qui reçoit est responsable vis-à-vis de l'arbitre, des joueurs et de la Fédération, de la bonne tenue du public sur son terrain.

L'arbitre pourra exiger l'expulsion du terrain d'un spectateur l'insultant.

6°) *Rôle du juge adjoint à l'arbitre.* — Le juge surveille seulement les joueurs éloignés du ballon et signale, au moyen d'un sifflet différent de celui de l'arbitre, les fautes commises loin du ballon, qui peuvent échapper à ce dernier. L'arbitre doit répéter immédiatement le signal d'arrêt ; mais si un but était marqué dans l'intervalle, le but compterait, à moins que la faute sifflée par le juge ait eu une influence directe sur le but marqué. Il est consulté par l'arbitre quand celui-ci hésite sur l'importance de la pénalité à infliger. En cas de conflit entre le juge et l'arbitre, le premier doit s'incliner. Le juge ne doit appartenir à aucun des deux clubs en présence ; comme l'arbitre, il est désigné par le pouvoir dirigeant.

CHAPITRE IV

LE JEU

REGLE V

Durée de la partie

ARTICLE PREMIER. — La partie sera composée de deux mi-temps de vingt minutes chacune, avec un intervalle de repos de dix minutes. Si une faute est commise au moment où l'arbitre siffle l'arrêt du jeu, le temps nécessaire pour l'exécution du lancer franc sera accordé.

ART. 2. — Les capitaines sont prévenus trois minutes avant le commencement de chaque mi-temps. Si une équipe n'est pas sur le terrain, prête à reprendre le jeu dans un délai d'une minute après que l'arbitre a dit « en jeu », soit au commencement de la deuxième mi-temps, soit après une suspension de jeu, le ballon sera mis en jeu comme si les deux équipes étaient sur le terrain.

ART. 3. — L'équipe visiteuse aura le choix des buts à la première mi-temps. Les équipes changeront de but pour la deuxième mi-temps. Si les deux équipes se sont déplacées, le choix des buts sera tiré au sort.

REGLE VI

Mise en jeu

ARTICLE PREMIER. — Le ballon est mis en jeu par l'arbitre, qui le lance verticalement entre deux joueurs des équipes opposées.

ART. 2. — Le ballon ne doit être frappé qu'avec une seule main et les centres doivent avoir les deux pieds dans leur demi-circonférence.

Les autres joueurs occupent une place quelconque mais ne doivent gêner ni l'arbitre, ni les centres. Dans le cas contraire, celui-ci peut accorder une zone franche au centre afin d'éloigner ces joueurs.

Art. 3. — L'arbitre siffle quand le ballon atteint son plus haut point et le ballon doit être frappé à partir de ce moment par l'un au moins des deux joueurs. Si le ballon touche le sol sans avoir été frappé par un des centres, l'arbitre doit le remettre en jeu dans les mêmes conditions.

Art. 4. — Dans une mise en jeu ailleurs qu'au centre, chaque joueur doit avoir les pieds à l'intérieur d'un cercle fictif, de 0 m. 61 de rayon, en admettant pour centre le lieu de la faute.

Art. 5. — A une mise en jeu, un des joueurs qui vient de taper le ballon (ou les deux) peut retoucher le ballon avant qu'il ne le soit par un troisième.

Art. 6. — Le ballon sera mis en jeu au centre :

a) Au commencement de chaque mi-temps ;

b) Quand un panier a été réussi ;

c) S'il y a eu faute dans un lancer franc, commise par un partenaire du lanceur ;

d) Quand le ballon a été bloqué dans les supports du panier ;

e) Après le dernier lancer franc qui suit une double faute.

Notes. — *Mise en jeu* : 1° Il n'est pas obligatoire que le centre ait une main en l'air au moment de la mise en jeu.

2° Un des centres ne peut pas reprendre le ballon, s'il a mis un pied hors du cercle d'envoi avant que le ballon ait été frappé à l'engagement par l'autre centre. Il doit attendre, dans ce cas, que le ballon ait été joué à nouveau par un autre joueur.

3° Dans une mise en jeu au centre ou ailleurs, si un joueur, en frappant le ballon, le lance dans le « basket », ce but compte pour l'équipe à qui le « basket » appartient.

4° Si, dans une mise en jeu au centre, le ballon, après avoir été frappé, sort directement en touche ou en but sans que l'arbitre puisse déterminer qui l'a sorti, la mise en jeu est recommencée. Dans le cas contraire, il y a touche au bénéfice de l'équipe qui n'a pas sorti le ballon.

5° Si, dans une mise en jeu, un avant-centre retarde le jeu en ne prenant pas rapidement sa place dans le cercle du centre, l'arbitre devra lui faire une observation et accorder un lancer franc à l'équipe adverse en cas de récidive.

6° Lorsqu'un joueur touche le ballon dans sa trajectoire ascendante au cours d'une mise en jeu, l'arbitre doit recommencer celle-ci, puisque le ballon a été joué avant que la partie soit commencée ou recommencée (donc avant le coup de sifflet de l'arbitre). En cas de récidive et après avertissement, lancer franc pour retard de jeu.

7° Cet article spécifie bien que les joueurs entre lesquels est faite une mise ou remise en jeu peuvent jouer le ballon, dribbler, etc., sans qu'il soit nécessaire que le ballon ait été touché par un troisième joueur.

REGLE VII

Hors jeu

ARTICLE PREMIER. — Un joueur est hors jeu, quand une partie quelconque de son corps touche les lignes de touche ou de but, ou le terrain en dehors de ces lignes, ou un joueur qui est lui-même hors jeu.

ART. 2. — Si l'arbitre ne peut déterminer quel est le joueur qui a mis le ballon hors jeu, il remet le ballon en jeu, en le lançant entre deux équipiers adverses, qui prennent la même position que les centres au début du jeu, dans un cercle fictif, à un mètre de la sortie et perpendiculairement à la ligne de touche ou de but.

ART. 3. — L'arbitre désigne le point précis en face duquel la remise en jeu doit se faire.

ART. 4. — Le dernier joueur qui touche le ballon avant que celui-ci ne traverse les lignes de touche ou de but est celui qui met le ballon hors jeu.

Le ballon hors jeu est remis en jeu par un adversaire de celui qui a causé la mise hors jeu.

Le joueur qui remet en jeu se tient dans le terrain

mort, en face du point où le ballon a franchi la ligne ;
il peut faire rebondir, rouler ou lancer le ballon à un
autre joueur à l'intérieur du terrain, mais ne peut pas
le toucher à nouveau avant qu'il ne l'ait été par un
autre joueur.

Notes. — *Hors jeu* : 1° Au moment où le ballon
franchit la limite du terrain, sans toucher terre, un
joueur qui est en jeu peut le rattraper en vol et le faire
rentrer.

Il n'y a sortie que quand le ballon a touché terre
sur ou au delà des limites du jeu.

2° Si, dans un but évident de retarder le jeu, un
joueur flâne ou s'amuse avec le ballon au lieu de le
remettre en jeu, l'arbitre fait faire la remise en jeu
par le camp adverse, et s'il y a récidive il peut infliger
un lancer franc pour retard de jeu volontaire.

3° Si un joueur ne remet pas en jeu à l'endroit
indiqué, l'arbitre fera recommencer la rentrée. Pour
éviter toute hésitation de la part du joueur qui remet
le ballon en jeu, il est recommandé à l'arbitre de se
placer en face du point où le ballon a franchi les limites
du terrain.

4° Il ne peut y avoir conflit entre l'arbitre et le juge
à propos d'une sortie, l'arbitre ayant seul qualité pour
prendre la décision définitive.

5° Le joueur qui fait une rentrée en touche peut se
tenir dans le terrain mort à une distance quelconque
pourvu qu'il soit en face du point de sortie du ballon.

6° Les adversaires doivent se tenir dans le terrain
de jeu, à 1 mètre au moins du joueur exécutant la
rentrée du ballon.

7° *Application de l'article* 2. — *a*) Si le ballon est
mis à nouveau, directement, hors jeu par un des
joueurs entre lesquels a lieu la mise en jeu, le ballon
sera rentré en touche par un équipier du camp
adverse ;

b) Lorsque le ballon sera sorti du jeu de la surface
de lancer franc, sans que l'arbitre ou les marqueurs
puissent déterminer quel est le joueur qui a mis le
ballon hors jeu, celui-ci sera remis en jeu par un

Près de son but, un joueur part en dribble pour dégager son camp menacé. — Son adversaire direct le suit de près afin de lui prendre la balle à la première occasion.

Une phase d'un match au meeting féminin de Monte-Carlo.

« entre deux » sur la ligne de lancer franc, au milieu de cette ligne.

REGLE VII

Suspension de jeu

ARTICLE PREMIER. — Le jeu est suspendu par l'arbitre, mais seulement après un arrêt régulier du jeu, dans les cas suivants :

a) A la requête d'un capitaine, pour cas de force majeure (chaussure délacée, etc...).

b) Si un joueur est blessé.

Le capitaine a le droit d'obtenir une suspension de jeu, et cette suspension ne sera pas notée si elle ne dépasse pas une minute. La suspension ne peut dépasser deux minutes, et il ne peut y en avoir plus de trois, pour une même équipe, au cours de la partie.

ART. 2. — Si un remplaçant prend immédiatement la place du joueur quittant le jeu, il n'y a pas « suspension de jeu ». Dans ce cas, le ballon doit être lancé en l'air par l'arbitre entre deux joueurs des camps en présence, à l'endroit où le ballon se trouvait au moment de l'arrêt du jeu. Cependant :

a) Si le jeu cesse quand le ballon est hors jeu, on exécute la remise en jeu prévue dans le cas du ballon hors jeu.

b) S'il y a eu faute, le jeu est continué après le lancer franc.

REGLE IX

Ballon tenu

ARTICLE PREMIER. — Le ballon est déclaré tenu :

a) Quand il est *nettement immobilisé* par deux joueurs qui essaient réellement de se le disputer.

b) Quand un joueur, étroitement marqué par un équipier adverse, garde trop longtemps le ballon sans le jouer.

ART. 2. — Le ballon est remis en jeu par l'arbitre, comme il est indiqué à l'article 4 de la règle VI.

Si un « ballon tenu » est déclaré dans la surface de lancer franc, le ballon est remis en jeu sur la ligne de lancer franc, au milieu de cette ligne.

Art. 3. — Garder le ballon n'est pas une faute, mais si, en agissant ainsi, le ballon est gardé de telle sorte que le jeu soit arrêté, il y a ballon tenu. De même si un joueur sérieusement marqué tient le ballon à terre et n'essaie pas de le jouer, il y a ballon tenu.

Art. 4. — Un joueur en jeu peut conserver indéfiniment le ballon pourvu qu'il le joue (par exemple : dribbler sur place) sans commettre une faute ; cela ne dépend que de l'activité de son adversaire.

Notes. — 1° *Article premier* : Le paragraphe *a)* spécifie que le ballon est « tenu » quand il est *nettement immobilisé* par deux joueurs : donc, si un des joueurs qui se disputent le ballon arrive à dégager celui-ci, il n'y a pas « tenu » et le ballon reste en jeu.

Si les deux joueurs tenant le ballon s'arrêtent volontairement de jouer, attendant ainsi l'arrêt du jeu pour « ballon tenu », l'arbitre les prévient qu'ils doivent se disputer le ballon et qu'il y a retard volontaire de jeu. En cas de récidive, il pénalise les deux joueurs de double coup franc (même si ce sont d'autres équipiers).

2° *Article 3* : On pourra admettre qu'un ballon devra être déclaré « tenu » soit parce qu'immobilisé entre deux joueurs, malgré leurs efforts, soit parce que gardé par un joueur étroitement marqué, après un laps de temps d'environ cinq secondes, par analogie au temps accordé pour une rentrée en touche.

3° *Arracher le ballon des mains* : Il est permis de saisir le ballon tenu déjà par l'adversaire, si celui-ci lâche la balle, il n'y a pas faute. Les deux adversaires peuvent ainsi se disputer le ballon quelques instants ; il n'y aura « tenu » que si le ballon est réellement immobilisé.

Si, en disputant ainsi le ballon, un joueur, pour augmenter sa force, appuie le ballon sur une partie du corps autre que ses mains, il y a blocage, donc faute.

REGLE X

Ballon mort

ARTICLE PREMIER. — Le ballon est mort et le jeu est arrêté jusqu'à ce que le ballon soit remis en jeu :

a) Quand un but est fait (ballon remis au centre) ;

b) Quand le ballon est hors de jeu (remis au point où il est sorti) ;

c) Quand l'arbitre a déclaré ballon tenu (remis en jeu à l'endroit du « tenu », sauf quand le « tenu » a été fait dans la surface de lancer franc, ou le ballon est remis en jeu au centre de la ligne de lancer franc) ;

d) Quand il y a suspension du jeu (voir règle VIII) ;

e) Quand il y a faute (voir règle XII) ;

f) Après chacun des lancers francs qui suivent une double faute (remis au centre) ;

g) A la mi-temps (remis au centre) ;

h) Quand le ballon est arrêté dans les supports d'un panier (remis au centre) ;

i) Après un lancer franc irrégulier (remis au centre).

NOTES. — *Article premier* : *b*) Il est entendu que, dans ce cas, le ballon est remis en jeu, non pas « au point où il est sorti », mais « au point ou en face du point où il est sorti » conformément à l'article 3 de la règle VII.

f) Il y a double faute quand chaque équipe commet une faute simultanément.

REGLE XI

Le dribbling

ARTICLE PREMIER. — On appelle dribbler : lancer, rouler, ou faire rebondir le ballon et le toucher de nouveau (en le suivant dans sa progression) avant qu'il soit joué par un autre joueur.

Au moment où le ballon est arrêté, dans l'une ou les deux mains, le dribbling cesse et le joueur ne peut recommencer un dribbling avant que le ballon ait été joué par un autre équipier ou qu'il ait tenté un but.

ART. 2. — Un joueur peut essayer un but après un dribbling régulier et, s'il le réussit, le but sera compté; les essais successifs pour faire un but, même d'une main, ne sont pas considérés comme un dribbling.

ART. 3. — Le joueur qui dribble peut conserver le ballon dès que le dribbling a cessé (en s'arrêtant).

ART. 4. — Il y a dribbling lorsque le joueur fait rebondir ou fait rouler le ballon tout en restant en place.

ART. 5. — Il y a dribbling lorsqu'un joueur frappe le ballon. Un joueur ne peut pas toutefois frapper plus d'une fois le ballon avant qu'il ne touche le sol.

ART. 6. — Un joueur peut dribbler alternativement de l'une ou de l'autre main.

ART. 7. — Au début du dribblig, le ballon doit être abandonné avant de faire un pas.

NOTES. — 1° Il n'est pas permis à un joueur de frapper deux ou plusieurs fois la balle en l'air avant qu'elle ne touche terre. Il y a faute.

2° Faire passer le ballon plus d'une fois d'une main dans l'autre n'est pas permis. Il y a faute.

Mais il est permis de faire passer le ballon une seule fois d'une main dans l'autre, soit pour passer, soit pour partir en dribble.

3° Un joueur ne pourra redribbler le ballon après un premier dribble, s'il ne s'en est pas dessaisi.

Il reprend le droit de dribbler après s'être dessaisi du ballon, dans les cas suivants :

a) Un adversaire saisit le ballon au passage puis le lâche.

b) Un adversaire touche le ballon au passage en essayant de l'intercepter.

Le joueur ne reprend pas le droit au dribble après s'être dessaisi du ballon, dans les cas suivants :

a) S'il lance volontairement le ballon sur un adversaire ;

b) Si un adversaire essaie de toucher le ballon sans y réussir.

4° *Fin du dribble.* — a) *Dribble par rebond du ballon au sol* : Le dribble par rebond du ballon cesse quand la main tenant le ballon marque un temps d'arrêt dans l'espace ou quand le ballon est saisi à deux mains.

b) *Dribble à terre* : Le dribble à terre cesse quand la main posée sur le ballon marque un temps d'arrêt.

5° *Article III* : Par analogie à la règle 9, article premier, paragraphe 6, un joueur qui a dribblé ne pourra conserver le ballon plus de cinq secondes.

6°*Article IV* : La deuxième phrase de l'article spécifie que le joueur ne peut frapper plus d'une fois le ballon avant qu'il ne touche le sol, ce qui indique que le joueur ne peut jouer le ballon des deux mains. En conséquence, le dribble à deux mains est interdit.

Le principe est en concordance avec l'article qui autorise le joueur à dribbler alternativement de l'une et l'autre main.

Cependant un joueur possédant la balle ou la recevant peut partir en dribble en la poussant ou la frappant une seule fois des deux mains.

REGLE XII

Le lancer franc

ARTICLE PREMIER. — L'arbitre, après une faute pénalisable d'un lancer franc, accorde dix secondes au joueur pour l'exécution du lancer.

Le lancer franc est exécuté par le joueur contre qui la faute a été commise.

ART. 2. — Tous les autres joueurs doivent se tenir en dehors de la surface de lancer franc.

ART. 3. — Si le but est fait, le ballon est remis au centre. Si le but est manqué, le ballon continue à être en jeu, sauf :

a) Dans le cas de double faute, où le ballon est mort, après le premier lancer franc et remis en jeu au centre après le second ;

b) Quand deux lancers francs sont accordés à un même camp, le ballon est mort après le premier lancer franc. Si, au second lancer franc le but est manqué, le ballon continue à être en jeu.

NOTES. — Si un joueur met plus de dix secondes pour faire un lancer franc, l'arbitre remet le ballon au centre.

Les 10 secondes commencent à compter quand le

lanceur pénètre avec le ballon dans la surface de lancer franc. Si ce joueur ou ses partenaires qui tiennent le ballon flânent en amenant celui-ci dans la surface, l'arbitre peut annuler le lancer franc pour retard volontaire de jeu. De toutes façons, l'arbitre doit siffler avant l'exécution du lancer franc par le joueur ; celui-ci doit attendre le coup de sifflet.

REGLE XIII

Des points

ARTICLE PREMIER. — Le but est fait quand le ballon passe dans le panier par le haut.

ART. 2. — Un but fait dans le jeu compte deux points. Un but fait sur un lancer franc compte un point.

La partie est gagnée par l'équipe qui aura marqué le plus grand nombre de points.

ART. 3. — En cas d'égalité de points, l'arbitre, après un repos de cinq minutes, devra prolonger la partie de dix minutes, en deux périodes de 5 minutes ou d'autant de fois 10 minutes qu'il sera nécessaire pour faire cesser l'égalité de points. Les deux équipes changent de camp avant la prolongation et après les cinq premières minutes. Il n'y a pas de repos entre les deux parties d'une prolongation (c'est-à-dire au milieu des 10 minutes de jeu).

ART. 4. — Le ballon qui entre dans le panier par en-dessous, passe au travers et retombe dans le panier, ne donne pas droit au but.

NOTES. — *Marque des points* : Pour éviter toute contestation, le marqueur devra indiquer les points sur un tableau noir fixé à un piquet enfoncé dans le sol, à environ 1 m. 50 de la touche, face au centre du terrain ; le tableau aura au minimum 0 m. 80 sur 0 m. 60 ; un auvent placé sur sa partie supérieure empêchera la pluie d'effacer les inscriptions à la craie.

Le tableau sera divisé en deux colonnes, une pour chaque équipe. Dans chaque colonne, la partie supérieure sera réservée à l'inscription des points, faite par un marqueur et contrôlée par l'autre après annonce par l'arbitre ; la partie inférieure sera réservée à l'inscription des fautes personnelles, *graves et volontaires*, qui auront été annoncées spécialement par l'arbitre. A cet effet, chaque joueur aura son nom indiqué sur une ligne spéciale.

L'arbitre devra contrôler la régularité de la marque avant chaque remise en jeu.

Le tableau sera protégé du public par un entourage (de corde sur piquets, par exemple), dans un rayon de deux mètres.

Après la partie, l'arbitre fera lui-même le total des points et relèvera le détail sur les feuilles d'arbitrage.

CHAPITRE V

SANCTIONS

REGLE XIV

Infractions aux règles et pénalités

Un joueur ne doit pas :

ARTICLE PREMIER. — Lancer le ballon dans le panier quand le ballon est mort ou hors jeu.

ART. 2. — Pendant qu'il fait un lancer franc, toucher ou traverser la ligne de lancer franc, avant que le ballon n'ait touché le panier, le panneau ou traversé la ligne de but ; ni mettre plus de dix secondes pour faire ce lancer.

Pénalités pour les articles 1 et 2 : Si le but est fait, il ne compte pas et le ballon est remis en jeu au centre.

Un joueur ne doit pas :

ART. 3. — Mettre le ballon hors jeu.

ART. 4. — Le ballon étant hors jeu, le porter à l'intérieur du terrain.

ART. 5. — Le ballon ayant été mis hors jeu, toucher le ballon après l'avoir remis en jeu avant que le ballon n'ait été touché par un autre joueur.

Art. 6. — Le ballon étant hors jeu, le tenir plus de cinq secondes pour la remise en jeu ; ou le remettre en jeu en touchant du pied le terrain de jeu ou les lignes de touche ou de but.

Pénalités pour les articles 3 à 6 : la remise en jeu passe au camp adverse.

Un joueur ne doit pas :

Art. 7. — Pendant qu'un lancer franc est exécuté et jusqu'à ce que le ballon ait touché le panier, le panneau ou traversé la ligne de but :

a) Entrer dans la surface de lancer franc ou toucher les lignes délimitant cette surface.

b) Essayer par un moyen quelconque de déconcerter ou de gêner le joueur qui exécute le lancer franc.

Pénalité si la faute a été commise :

a) Par un joueur de l'équipe qui fait le lancer :

1° Si le but est fait, il ne compte pas et le ballon est remis au centre.

2° S'il est manqué, le ballon est remis au centre.

b) Par un joueur de l'équipe opposée à celle qui fait le lancer franc :

1° Si le but est fait, il compte.

2° S'il est manqué, un autre lancer franc doit être accordé.

REGLE XV

FAUTES ET PÉNALITÉS

A. — Fautes techniques sans gravité.

Elles se traduisent par une sanction pour le camp seulement.

Un joueur ne doit pas :

Article premier. — *a) Progresser avec le ballon dans les mains.*

Notes. — On dit qu'un joueur a progressé ou marché quand, recevant le ballon de pied ferme, il déplace les deux pieds (sans se débarrasser du ballon), en les soulevant et en les posant à nouveau sur le sol. Il a le droit de déplacer un pied dans n'importe quelle direction, à condition de ne pas déplacer l'autre. Cependant, il lui est permis de se débarrasser du ballon en exécutant un pas, un saut ou un bond après le premier pas, mais à condition que le ballon ait quitté les mains avant que le ou les pieds aient repris contact avec le sol.

D'autre part, un joueur qui reçoit le ballon alors qu'il a terminé un pas et qu'il vient d'en recommencer un second (c'est-à-dire quand le pied arrière est levé), peut achever ce second pas, exécuter *le nouveau pas complet auquel il a droit*, puis terminer par un dernier pas ou bond *au cours duquel* le ballon doit quitter les mains.

Si le joueur reçoit le ballon alors qu'il exécute un bond, ses deux pieds ayant quitté le sol, il peut terminer ce bond en retombant sur un ou deux pieds, exécuter *le pas complet auquel il a droit* (en portant un pied en avant s'il est retombé sur les deux pieds ; en portant en avant le pied resté levé, s'il est retombé sur un pied), puis terminer par un dernier pas ou bond, *au cours duquel* le ballon doit quitter les mains.

Dans tous les cas, si le second pied ou les deux pieds touchaient le sol à nouveau, pendant ce dernier pas et avant que le joueur ait pu faire sa passe ou son lancer, il y aurait faute.

Un joueur qui reçoit le ballon étant arrêté, se retourne en levant un pied et en pivotant sur la pointe ou sur le talon de l'autre pied, ne commet pas de faute, à condition que la partie du pied restant à terre *pivote* sans se déplacer.

b) *Faire un dribbling irrégulier* (voir Règle XII), *ou faire un second dribbling* avant que le ballon ait été joué par un autre équipier.

NOTES. — Dès que le ballon est arrêté dans l'une ou les deux mains, le premier dribble est accompli et le joueur doit se débarrasser du ballon. Il ne peut recommencer un dribble avant que le ballon ait été joué par un autre joueur.

Le joueur ne doit pas :

1° Frapper deux ou plusieurs fois le ballon en l'air avant qu'il ne touche terre (exception faite lorsque le joueur essaie le basket).

Cependant, dans la mise en jeu, les « centres » ont le droit de toucher deux fois le ballon en l'air, la première étant l'engagement et non un dribbling.

2° Faire passer plus d'une fois le ballon d'une main dans l'autre sans qu'il touche terre.

c) *Frapper ou pousser le ballon avec le pied, le poing, la tête, le corps ou le bloquer avec une partie quelconque du corps, autre que les mains* (à l'appréciation de l'arbitre).

Notes. — 1° Si le ballon touche le corps d'un joueur, il n'y a pas faute, s'il n'est pas probant que le joueur ait réellement et volontairement poussé ou joué le ballon avec le corps.

2° Si un joueur reçoit une passe, que le ballon lui échappe des mains, touche son corps et retombe à terre ou revienne dans ses mains, il n'y a pas faute. Il y aurait faute si le joueur se servait d'une partie quelconque du corps pour bloquer ou conserver la balle.

Art. 2. — *Violer les règles de la mise en jeu.*

Art. 3. — *Gêner un joueur qui remet le ballon en jeu,* en s'approchant à moins d'un mètre de lui, en sortant du terrain ou en touchant les lignes limites avec une partie quelconque du corps, en touchant le ballon avant que celui-ci ait franchi la ligne de touche ou celle de but.

Art. 4. — *Passer le ballon à un autre joueur pendant qu'il fait un lancer franc* (il ne doit pas manquer volontairement le panier dans le but de passer le ballon à un coéquipier).

Art. 5. — *Pousser, tirer ou frapper le poteau, le « basket » ou le ballon, pendant que celui-ci est sur le point d'entrer dans le « basket »* (faute commise par un partenaire de celui qui a lancé au panier).

Art. 6. — *Comme remplaçant, prendre place dans le jeu avant que son entrée n'ait été enregistrée* par le marqueur et acceptée par l'arbitre.

ART. 7. — *Ayant des affiliations avec les équipes, conseiller les équipiers pendant le jeu.*

Pénalités pour infraction aux articles de 1 *à* 7 : Perte du ballon par l'équipe fautive ; le jeu est arrêté, le ballon est remis en jeu par un joueur du camp adverse, qui devra se tenir en dehors des limites du terrain, à l'endroit le plus proche de celui où la faute a été commise.

Toutes ces fautes techniques sans gravité ne doivent être sifflées que si elles ont été nettement commises. Le jeu ne doit pas être arrêté s'il y a doute.

Règle de l'avantage. — L'arbitre pourra ne pas arrêter le jeu s'il estime que la faute profite nettement à l'adversaire. Exemple : un arrière bloque au pied, le ballon rebondit dans les mains d'un avant adverse, qui lance au panier. L'arbitre sera seul juge dans ces cas particuliers et aucune réclamation ne sera admise contre sa décision.

Fautes techniques répétées volontairement

Une faute technique *volontaire* peut, en cas de récidive par un même joueur, et après observation de l'arbitre, être pénalisée de lancer franc, la faute devenant alors un « retard de jeu volontaire ».

Exemple : Coup de poing volontaire sur le ballon, suivi quelques instants après par un coup de pied (ou un autre coup de poing), donné par le même joueur.

B. — Fautes techniques graves

Il est interdit :

ART. 8. — *De se mettre à deux contre un adversaire* qui détient, dribble ou joue le ballon de très près (deux contre un, deux contre deux, deux contre trois, etc.).

ART. 9. — *De retarder le jeu volontairement* ou pour gagner du temps (à l'appréciation de l'arbitre) :

a) En touchant le ballon accordé à un adversaire qui va le mettre en jeu ;

b) En quittant le terrain sans autorisation ;

c) De toutes autres manières sans nécessité.

Exemples : 1° pendant une remise en jeu, en flânant ou en s'amusant avec le ballon ; 2° en répétant volontairement une faute technique sans gravité.

Art. 10. — *De pousser, tirer ou frapper le poteau, le basket ou le ballon pendant que celui-ci est sur le point d'entrer dans le basket* (faute commise par un adversaire de celui qui a lancé au panier).

Pénalités pour les articles 8, 9 et 10 :

Droit pour l'adversaire à un lancer franc.

A deux lancers francs s'il est en position et s'il essaie de lancer le ballon au panier (à l'appréciation de l'arbitre).

Notes : Etudes du « deux contre un », « trois contre un », etc. (Art. 8).

1° Si un joueur recule pour recevoir une passe et entre en contact avec deux adversaires, il y a faute évidente de tactique des deux partenaires, qui ne devaient pas être ensemble, et une pénalité doit être sifflée. Le joueur seul a bien été gêné par deux adversaires.

2° Si un « deux contre un » se produit au moment où le joueur seul contre deux fait son lancer, et que le but soit réussi, il compte, même si la faute commise par l'adversaire a été sifflée avant la rentrée du ballon dans le « basket ».

3° *Etude détaillée.* — Le « deux contre un » doit être sifflé, même si un des joueurs du même camp ne touche pas le ballon ou les autres joueurs, mais s'il se trouve suffisamment près pour influencer l'adversaire jouant ou cherchant à jouer le ballon, et l'empêcher ainsi de s'en servir avec le maximum de chance. Cependant, si, se trouvant rapproché de deux joueurs se disputant le ballon, il s'efface ou manifeste par son immobilité le désir de ne pas gêner les deux autres joueurs, il ne commet pas de « deux contre un ».

Le « trois contre un » est pénalisé comme le « deux contre un », et pas plus sévèrement, le tort occasionné à l'adversaire étant identique.

Exemple : *a)* Un joueur blanc et un joueur noir se disputent le ballon ; un deuxième joueur blanc s'appro-

Sur passe longue, un joueur, en maillot blanc, essaie de se démarquer pour s'emparer du ballon. — Son adversaire le serre de près pour l'en empêcher.

Deux adversaires se disputent la balle, en la roulant sur le sol. — Ils devront veiller à
ne pas l'immobiliser pour ne pas commettre la faute de ballon tenu. — On remarque que les

che pour prendre part au jeu : 1° il s'arrête à une distance telle (un mètre, par exemple) qu'il ne puisse gêner l'adversaire : il n'y a pas faute ; 2° s'il s'approche plus près (50 à 60 cm., par exemple), tant que le joueur seul contre deux ne s'empare pas du ballon, il n'y a pas faute, puisqu'il n'est pas gêné dans ses gestes ; si ce joueur seul contre deux s'empare du ballon, il obstrue l'espace vers lequel ce joueur pourrait dribbler ou faire sa passe (longueur du bras allongé tenant le ballon) : il y a faute, même si le fautif ne touche ni le ballon ni le groupe (fig. 1).

b) Un joueur blanc et un joueur noir se disputent le ballon ; un deuxième joueur blanc se trouve à ce moment précis et sans avoir eu le temps de se déplacer, à proximité (50 à 80 cm.) du joueur noir ; 1° il *étend le bras*, par ce geste il peut gêner : il y a faute ; 2° il *s'écarte* : il n'y a pas faute ; 3° il manifeste son intention de ne pas gêner en *restant immobile* : il n'y a pas faute. Si le joueur blanc s'était trouvé à l'origine de la phase de jeu, contre son partenaire, au lieu d'en être légèrement détaché, il y aurait eu faute.

c) Si deux joueurs blancs contre un seul joueur noir sont placés l'un derrière l'autre (fig. 2), il n'y a jamais faute, le joueur noir étant libre de tous ses mouvements.

d) Un joueur blanc et un joueur noir avancent côte à côte en dribblant le ballon et en se dirigeant ainsi vers un deuxième joueur blanc : 1° celui-ci *reste sur place*, il crée le « deux contre un », il y a faute ; 2° il *s'efface* d'un pas et reste immobile pendant que les deux autres joueurs passent ou restent près de lui : il n'y a pas faute ; 3° il *s'efface* d'un pas, mais fait un geste (étendant le bras, par exemple), qui peut gêner l'adversaire : il y a faute.

4° *Etude du « deux contre deux », « deux contre trois », etc.* — Ces fautes doivent être réprimées comme le « deux contre un ». Un joueur de chaque équipe commet une faute en venant prendre part au jeu, alors qu'il n'en avait pas le droit.

Pénalité. — Un lancer franc pour chaque équipe, exécuté dans chaque équipe par un des joueurs ayant formé le « deux contre deux ».

Le « deux contre trois », le « trois contre trois » seront pénalisés comme le « deux contre deux ».

5° Sur les pénalités pour l'article 8.

1° Ballon entrant dans le panier aussitôt après une faute sifflée pour un « deux contre un » au bénéfice de l'équipe qui marque le panier (ou pour une faute personnelle) : le panier *compte* et l'équipe marque deux points. Mais elle perd le droit aux lancers francs, en effet, une équipe ne peut marquer plus de deux points pour un même essai au panier dans le courant du jeu.

2° Ballon entrant dans le panier aussitôt après une faute sifflée pour un « deux contre deux » : le panier *ne compte pas.* Chaque équipe a droit à un lancer franc.

C. — Fautes personnelles (ou de « corps à corps »)

Un joueur ne doit pas :

Art. 11. — *Tenir, accrocher, tirer, charger, frapper ou pousser un adversaire ; donner un croc-en-jambe.*

Art. 12. — *Faire de l'obstruction à un adversaire non possesseur du ballon.*

Art. 13. — *Jouer trop violemment* (à l'appréciation de l'arbitre).

Notes. — *Fautes personnelles détaillées :*

1° Tenir, accrocher, tirer, ceinturer, cravater un adversaire ; charger, bousculer, sauter sur un adversaire.

2° Faire de l'obstruction (à un adversaire ne possédant pas le ballon), avec le corps, les mains, les bras, le côté, la hanche, la cuisse, le genou, le dos, etc.

3° *a)* Pousser avec les bras, le côté, la hanche, la cuisse, le genou, le dos, etc.

b) Pousser, en se reculant, un joueur qui vous marque par derrière ; après avoir sauté en l'air pour saisir le ballon ou faire un panier, retomber sur le joueur qui vous marque ; monter volontairement sur les pieds des adversaires.

c) Entrer en violent contact avec un adversaire, de façon à lui faire perdre son équilibre.

4° Frapper le corps ou le bras d'un joueur qui fait une passe ou essaie un panier, lui accrocher les doigts, les bras, le maillot, la culotte.

5° Donner un coup de rein à un joueur qui vous marque étroitement au moment de la réception du ballon ; empêcher ce joueur de vous marquer en élevant la cuisse horizontalement, le genou en avant (cette faute est souvent commise par les « centres » au moment de la mise en jeu).

Pénalités pour les articles 11, 12 et 13

Identiques à celles infligées pour les fautes techniques graves (art. 8, 9 et 10).

Pénalités supplémentaires pour les *fautes personnelles graves et volontaires* (à l'appréciation de l'arbitre). Inscription *au tableau* d'une faute personnelle contre le fautif ; un joueur qui a quatre fautes personnelles inscrites à son actif doit quitter immédiatement le jeu et ne pourra rentrer.

Notes. — 1° Etude détaillée de la façon dont les fautes personnelles doivent être jugées.

A. — *De deux adversaires ne possédant pas encore la balle.*

a) Deux adversaires, partant d'un même point, courent après la balle qui roule ou rebondit à terre. Ils entreront forcément en contact pour se disputer la balle, sans qu'il y ait faute.

b) Deux adversaires sautent en l'air pour saisir un ballon qui retombe sous un angle de chute. Ils entreront forcément en contact pour se disputer la balle, sans qu'il y ait faute.

Dans les deux cas, il y aura faute si, pendant l'action, l'un des joueurs « pousse » avec le bras, le coude, le côté du corps, la hanche ou la jambe.

c) A l'engagement (entre deux), les principales fautes à réprimer sont les suivantes : lever le genou en fléchissant la jambe, pour obliger l'adversaire à reculer. Pousser avec le côté du corps en projetant la hanche en avant pendant le bond. Obliger l'adversaire à reculer la tête, en fléchissant le bras qui est levé, de façon à envoyer le coude dans la figure de l'adversaire. Monter sur le pied pour empêcher le saut de l'adversaire. Pousser ou écarter l'adversaire avec la main qui ne frappe pas le ballon.

B. — *Du joueur qui possède la balle en mains.*

Il a tous les droits d'évolutions, pourvu qu'il ne *déplace pas l'adversaire.*

Etant arrêté, il peut :

1° Se retourner, même s'il place ainsi son corps entre l'adversaire proche et le ballon qu'il tient dans les mains.

Il commettra une faute s'il pousse l'adversaire des genoux, des jambes, des bras, des fessiers, tout en prenant sa nouvelle position ; ou s'il recule d'un pas, poussant ainsi l'adversaire avec son dos.

2° Essayer un panier en sautant, si l'espace devant lui était libre au moment du bond. Si un adversaire vient s'interposer à ce moment, c'est cet adversaire qui sera pénalisé pour charge.

Il commettra une faute s'il fait un bond dans la direction d'un adversaire placé, et s'il « pousse » ou « charge » ainsi cet adversaire.

3° Partir en dribble dans la direction qui lui plaît si l'espace est libre.

Il commettra une faute s'il continue son dribble droit sur un adversaire qui obstrue l'espace et qu'il pousse celui-ci (il doit l'éviter ou le contourner).

S'il écarte l'adversaire qui le marque ou qui le suit

Une descente des joueurs au maillot rayé. Les deux arrières adverses se rabattent rapidement vers leur but sans perdre la balle des yeux, tandis que l'avant-centre s'apprête à enrayer cette descente.

Un match franco-américain. Un des joueurs tente le panier.

de près, soit avec le bras opposé au ballon, soit avec
le corps, soit avec le coude du bras qui dribble ; s'il
repousse ou écarte (avec une main, un bras ou le corps)
avant de commencer le dribble et pour gagner de la
distance, l'adversaire qui le marque de près.

Etant en marche, il peut : essayer un panier « en
marchant », sur passe ou après dribble, et même lancer
le genou en avant pendant son bond pour s'aider, à
condition qu'il ait commencé son « pas de lancer »
dans une direction où l'espace était libre d'adversaire.
Si, à ce moment, un adversaire se précipite dans cet
espace libre à l'origine et qu'il rencontre le premier
joueur, c'est cet adversaire qui commet la faute.

Il commettra une faute s'il fait ce « panier en marchant », en se dirigeant sur un adversaire déjà placé
et qu'il le rencontre (poussée ou charge).

C. — *Du joueur qui ne possède pas la balle en mains.*

C'est celui qui commet le plus de fautes personnelles.
1° Contre un adversaire possesseur de la balle et
arrêté.

Il commettra une faute s'il se précipite dans sa direction et s'il le pousse ou le charge, ne pouvant s'arrêter
à temps; si, s'étant arrêté, il essaie, par des mouvements
désordonnés des bras, de « trouver » le ballon et qu'il
« frappe » ainsi l'adversaire.

Il jouera correctement s'il dirige sa course pour passer devant, derrière, ou à côté de l'adversaire sans le
pousser ; si, s'étant arrêté, il saute devant l'adversaire
sans le pousser, écarte bras et jambes, sans écarter
en même temps l'adversaire, frappe nettement sur le
ballon, par un geste précis et dirigé, ou essaie de saisir
correctement ce ballon à une ou deux mains.

Il commettra une faute s'il empêche l'adversaire de
faire une passe en frappant le bras, en accrochant ou
en tenant le bras ou la manche.
2° Contre un adversaire qui part en dribble.

Il commettra une faute en marchant sur le pied de
l'adversaire qui part en dribble ; en le retenant avec
les doigts ou la main, qui saisissent le bras, la hanche,
la jambe, le maillot, la culotte, la chaussure ; en retenant

l'adversaire avec la main, le coude, le bras, la cuisse, le genou ou le pied placés brusquement devant le corps de l'adversaire ; en se précipitant brusquement devant le joueur qui dribble de façon à couper nettement sa course et à lui imposer un contact qu'il sera impossible à l'adversaire d'éviter ; en marchant sur les talons du joueur qui dribble, en accrochant, au passage, sa jambe arrière qui est encore levée, en le poussant dans sa course.

Il jouera correctement s'il le suit dans sa course en essayant de subtiliser ou de frapper le ballon ; s'il se place face à la direction de marche pour arrêter le ballon et obliger le joueur qui dribble et qui le voit à crocheter.

3° Contre un adversaire qui essaie le panier.

Il peut commettre les mêmes fautes qui viennent d'être étudiées. De plus, il commettra une faute s'il avance ses bras allongés, ses jambes ou une partie de son corps, de façon à pousser l'adversaire ; s'il frappe ou accroche le bras de l'adversaire qui essaie le panier (faute la plus grave et la plus fréquente), s'il pousse ou charge latéralement l'adversaire qui met au panier pendant son bond : s'il le cravate par derrière à un ou deux bras, s'appuyant ainsi sur son épaule.

2° *Remarques générales*

Ces fautes doivent être sévèrement réprimées, parce que détruisant la beauté du jeu et le rendant brutal.

Un arbitre qui manque de sévérité dans la répression des fautes personnelles annihile les efforts des arbitres consciencieux et des entraîneurs loyaux.

Les fautes personnelles les plus nuisibles sont les moins visibles, aussi l'arbitre doit surveiller de près toutes les parties du corps des joueurs qui sont à proximité du ballon ; s'il n'a pas de juge, il doit également surveiller les joueurs éloignés qui peuvent faire de l'obstruction en empêchant leurs adversaires de se déplacer.

L'arbitre verra tous les joueurs d'un coup d'œil s'il se déplace à proximité d'une touche plutôt qu'au milieu du terrain.

L'arbitre doit réprimer sans hésiter le « deux contre

un », et, *a fortiori,* le « deux contre deux », « deux contre trois », etc. Le « deux contre un » est une faute très grave ; si elle est tolérée, elle aboutit aux formations de joueurs en paquets qui ne peuvent éviter les fautes personnelles, d'autant plus difficiles à voir.

Conclusion. — Les fautes personnelles et techniques graves sont toujours impitoyablement réprimées : *la règle de l'avantage* n'est jamais applicable à ces fautes, puisqu'elles sont sanctionnées par des lancers francs.

Fautes de brutalité dangereuse

Art. 14. — *Un joueur ne doit pas* être d'une brutalité manifeste et volontaire à l'égard d'un adversaire.

Pénalité : Droit pour l'équipe adverse aux lancers francs dans les mêmes conditions qu'aux articles 8 à 13. Mais *l'équipier qui commet la faute est mis immédiatement et définitivement hors du terrain de jeu.*

TABLE DES MATIÈRES

BESANÇON — IMPRIMERIE JACQUES ET DEMONTROND, TÉL. 13

www.ingramcontent.com/pod-product-compliance
Lightning Source LLC
LaVergne TN
LVHW012218170726
843503LV00005B/2148